Knaur

Von Erich Bauer sind außerdem erschienen:

Der Mondplaner für Liebe, Gesundheit und Beruf
Das astrologische Gesundheitsbuch
Die Kraft der Ahnen. Familienschicksale im Horoskop
Das Reise-Horoskop. Mit den Sternen in den Urlaub

Über den Autor:

Erich Bauer, geb. 1942, war viele Jahre in therapeutischen Kliniken als Diplompsychologie und Therapeut tätig. Seit 1980 intensive Beschäftigung mit Astrologie. Studium in Indien und den USA, seit dieser Zeit Anwendung der Astrologie gemeinsam mit psychologischen Methoden.
Erich Bauer ist Chefastrologe der weltweit größten Astrologie-Zeitschrift *»Astrowoche«*, bekannt durch regelmäßige astrologische Beiträge in Zeitschriften, Radio und im Fernsehen und Verfasser zahlreicher Veröffentlichungen über Astrologie und verwandte Themen. Seit vielen Jahren betreibt er eine eigene astrologisch-therapeutische Praxis in München und führt Seminare und Einzelsitzungen zum Thema *»Astrologische Familientherapie«* durch.

Erich Bauer

Widder

21. 3. – 20. 4.

Alles über den Widder:

Liebe • Gesundheit • Beruf

Illustrationen von Isabella Roth

Knaur

Besuchen Sie uns im Internet:
www.knaur.de

Originalausgabe 2001

Redaktion: Ralf Lay
Umschlaggestaltung: Zero Werbeagentur, München
Illustrationen: Isabella Roth, Hamburg
Layout und Satz: Sabine Hüttenkofer, München
Druck und Bindung: Clausen & Bosse, Leck
Printed in Germany
ISBN 978-3-426-77542-4

10 9 8 7

Für Floriane, Geesje, Katharina und Dagmar

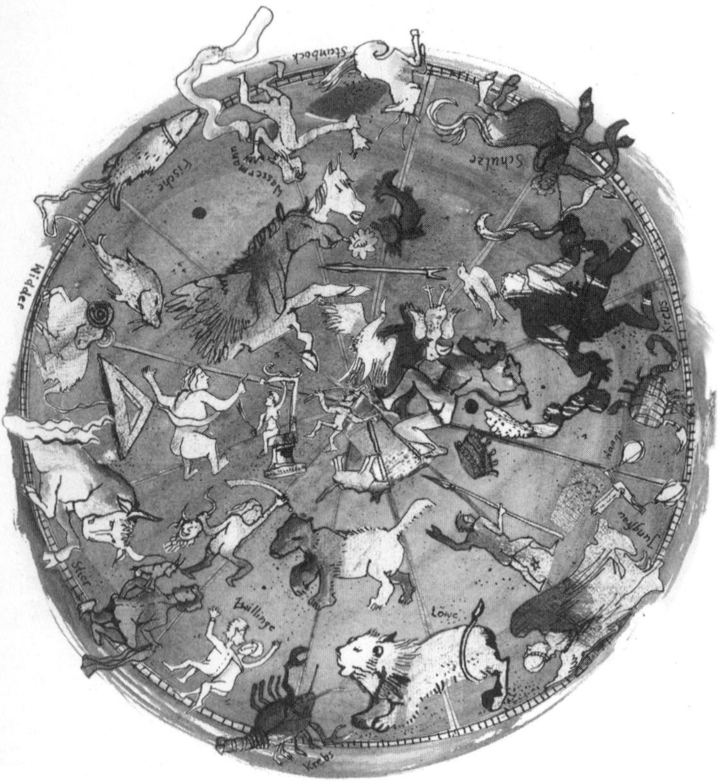

Die Sternzeichen des nördlichen Tierkreises bilden die Grundlage der Astrologie

INHALT

VORWORT

Astrologie ist eine wunderbare Sache.
Sie verbindet den Menschen mit dem Himmel, richtet seinen Blick nach oben in die Unendlichkeit. Vielleicht steckt hinter der Beschäftigung mit Astrologie zutiefst die Sehnsucht nach unserem Ursprung, unserem Zuhause, nach Gott – oder wie immer man das Geheimnisvolle, Unbekannte nennen will.

Astrologie ist uralt und trotzdem hochaktuell.
Die ersten Zeugnisse einer Sternenkunde liegen Tausende von Jahren zurück. Und dennoch ist sie brandneu. Es scheint, als hätte sie nichts von ihrer Faszination eingebüßt. Natürlich hat sich die Art und Weise astrologischer Beschäftigung verändert. Während früher noch der Astrologe persönlich in den Himmel schaute, studiert er heute seinen Computerbildschirm. Damals konnte man nur von einem Kundigen eingeweiht werden, heute finden sich beinahe in jeder Zeitung astrologische Prognosen.

Astrologie ist populär.
Jeder kennt die zwölf Tierkreiszeichen. Man kann eigentlich einen x-beliebigen Menschen auf der Straße ansprechen und ihn nach seiner Meinung befragen: Er weiß fast immer Bescheid, sowohl über sein eigenes Sternzeichen als auch über die meisten anderen. Die zwölf astrologischen Zeichen sind Archetypen, die im Unterbewußtsein ruhen und auf die man jederzeit zurückgreifen kann.

Astrologie schenkt Sicherheit.
Der einzelne findet sich eingebettet in einer gütigen und wohlwollenden Matrix, ist aufgehoben, hat seinen Platz, so wie auch alle anderen ihren Platz haben.

Astrologie kann gefährlich sein.
Sie kann sowohl den Astrologen wie auch seine Klienten dazu verleiten, sich aus der Wirklichkeit auszublenden. Ersterem scheint sie ein schier perfektes System zu liefern: Konstellationen, die sich auf Bruchteile von Sekunden berechnen lassen, blenden und machen

glauben, man habe es mit einer exakten Wissenschaft zu tun. Genau das ist aber falsch. Die Astrologie ist viel eher eine Kunst oder eine Philosophie als eine Naturwissenschaft. Ihre Vorhersagen sind immer nur ungefähr, zeigen eine Möglichkeit, geben aber keine Garantie. Astrologen wie Ratsuchende driften, wenn sie nicht achtgeben, leicht in eine Pseudowelt ab. In ihr ist zwar alles in sich stimmig, allein es fehlt am validen Bezug zur Wirklichkeit.
Ich bin Astrologe aus Passion. Ich lebe in dieser Welt, aber ich weiß auch, daß sie nicht alles offenbart. Ich freue mich, die Gestirne als Freunde zu haben, und glaube, daß ich so mein Schicksal gütig stimme. Das ist eine Hoffnung, kein Wissen.

Ist Astrologie dann ein Religionsersatz?
Vielleicht. Aber genausogut könnte man auch die Religionen als einen Ersatz für Astrologie bezeichnen. Die Sterne waren jedenfalls zuerst da. Ich betrachte die Planeten wie »Götter«. Aber das tue ich nur, um die Würde zum Ausdruck zu bringen, die ihnen nach meiner Meinung zu eigen ist. Ich weiß jedoch auch, daß sie nicht der Weisheit letzter Schluß sind. Dahinter existiert noch etwas Größeres, Mächtigeres, Unfaßbares.
Am meisten begeistert mich, daß mir die Astrologie die Augen geöffnet hat für die Vielfalt des Lebens. Man neigt doch so sehr dazu, die Welt als einen Teil von sich selbst zu erleben, entweder passend oder nicht – richtig oder falsch. Mit Hilfe der Astrologie habe ich erfahren, daß es verschiedene Prinzipien gibt und damit auch ganz verschiedene Menschen.

Ich wünsche Ihnen beim Lesen Spaß, Spannung, etwas Skepsis – und daß Sie sich selbst und andere besser verstehen.

Erich Bauer im Frühjahr 2001

Eine kurze Geschichte der Astrologie

Am Anfang jeder Geschichte der Astrologie steht das Bild des nächtlichen, mit Sternen übersäten Himmels. Der Mensch früherer Zeiten hat ihn sicher anders erlebt als wir. Er wußte nichts von Lichtjahren und galaktischen Nebeln. Er erschaute das Firmament eher vergleichbar einem Kind. Und als Kind der Frühzeit sah er sich nicht, wie wir heute, als getrennt von diesem Himmel, sondern als eins mit ihm. Er fand sich in allem und fand alles in sich. Und er folgte dem Rhythmus dieses großen Ganzen, ähnlich wie ein Kind seiner Mutter folgt. Dabei fühlte er sich wohl getragen und geborgen.

Wann die Menschheit anfing, sich aus diesem Gefühl der Allverbundenheit zu lösen, ist schwer zu sagen. Die überlieferten Zeichen sind rar und rätselhaft. Aber als der Homo sapiens begann, die Sterne zu deuten, war er dem großen Ozean seit Äonen entstiegen, er sah sich und den Himmel längst als getrennte Einheiten. Doch kam es irgendwann dazu, daß der Mensch Beziehungen zwischen den Sternbildern und dem Leben auf der Erde wiederentdeckte, deren Kenntnis er eigentlich schon immer besaß. Beispielsweise erlebte er, daß ein Krieg ausbrach, während am Himmel ein Komet auftauchte und die normale Ordnung der Sterne störte. Oder er empfand großes Glück, während sich am Himmel zwei besonders helle Lichter trafen. Er begann solch auffällige Lichter mit Namen zu versehen: »Helios« beispielsweise – oder »Jupiter«, »Mars« oder »Venus«. Er ging sogar dazu über, bestimmte Sterne als Gruppen (Sternbilder) zusammenzufassen und ihnen Namen zu geben, etwa »Widder« oder »Großer Wagen«. Immer wieder beobachtete er typische Gestirnskonstellationen, die parallel zu markanten Ereignissen auf der Erde auftraten. Nach den Gesetzen der Logik entwickelte er aus diesen Zusammenhängen mit der Zeit eine Wissenschaft, die Astrologie, die ihm zum Beispiel die Schlußfolgerung erlaubte, daß auf der Erde Gefahr droht, wenn Mars in das Tierkreiszeichen Skorpion eintritt. So fand der Mensch allmählich seine verlorene Einheit wieder und baute eine Brücke, die ihn mit seinem Urwissen verband, das er im Inneren seiner Seele aber nie wirklich verloren hatte.

DER URSPRUNG

Die Urheimat der Sternkunde war nach heutigem Erkenntnisstand Mesopotamien, das Land zwischen den Flüssen Euphrat und Tigris, das jetzt »Irak« heißt. Dort war der menschliche Geist wohl am kühnsten und vollzog als erster endgültig die Trennung zwischen Mensch und Schöpfung. Die Sterne am Himmel bekamen Götternamen, etwa den des Sonnengotts Schamasch und der Göttin Ischtar, die auch als Tochter der Mondgöttin verehrt wurde und die sich als leuchtender Venusstern offenbarte. Da der Mond, die Sonne und einige andere Lichter im Vergleich zu den Fixsternen scheinbar wanderten, nannte man diese Planeten »umherirrende« oder »wilde Schafe« und unterschied sie von den »festgebundenen« oder »zahmen Schafen« – den Fixsternen, die vom Sternbild Orion, dem »guten Hirten«, bewacht wurden. Der größte Planet des Sonnensystems, mit heutigem Namen »Jupiter«, war im Land zwischen den zwei Strömen ein Sinnbild des Schöpfergottes Marduk. Sein Sohn und Begleiter hieß »Nabu« und wurde später zu »Merkur«. Das rötlich funkelnde Gestirn Mars wiederum war die Heimat des Herrn der Waffen, der genauso als Rachegott angesehen wurde. Saturn war ebenfalls bereits entdeckt worden und wurde als eine »müde Sonne« betrachtet. Außerdem galt er als Gott der Gerechtigkeit, Ordnung und Beständigkeit. Gemeinsam mit anderen Göttern erhob sich schließlich der Rat der zwölf Gottheiten, und damit hatten auch die zwölf verschiedenen astrologischen Prinzipien ihren Auftritt. Zu all diesen Erkenntnissen kam man im Zweistromland etwa zwischen dem 7. und 4. vorchristlichen Jahrhundert.
Man hat Tafeln aus dem 2. Jahrhundert vor Christus gefunden, auf denen Beobachtungen über den Lauf von Sonne, Mars und Venus eingezeichnet waren. Auch Zeugnisse von ersten Geburtshoroskopen stammen aus dieser Zeit. Im Jahr 1847 wurden bei den Ruinen von Ninive 25 000 Tontafeln ausgegraben. Man datierte sie ins Jahr 600 vor Christus. Auf einem Teil dieser Tafeln befinden sich Weissagungen, die, mit etwas Zeitgeist aufgefrischt, ohne weiteres der astrologischen Seite einer modernen Tageszeitung entstammen könnten: »Wenn Venus mit ihrem Feuerlicht die Braut des Skorpions beleuchtet, dessen Schwanz dunkel ist und dessen Hörner hell leuchten, so wird Regen und Hochflut das Land verwüsten.«
Das ist eine »professionelle« astrologische Vorhersage. Damit war Spezialistentum an die Stelle einer ganzheitlichen Naturerfahrung getre-

ten. Denn inzwischen hatte nur der fachkundige Astrologe die Zeit und das Wissen, den Himmel zu studieren, um daraus Rückschlüsse auf die Ereignisse im Weltgeschehen zu ziehen. Bald mußte dieser Fachmann auch nicht einmal mehr den Himmel selbst beobachten. Spätestens im 1. Jahrhundert vor Christus gab es Ephemeriden. Das sind Bücher, aus denen die Stellung der Gestirne zu jeder beliebigen Zeit herausgelesen werden kann. Die Astrologie, wie sie auch heute noch betrieben wird, war damit endgültig geboren.

DIE BLÜTE

In den nun folgenden anderthalbtausend Jahren erlebte die Astrologie eine Blütezeit kolossalen Ausmaßes. Dafür steht ein so bedeutender Name wie Claudius Ptolemäus. Er lebte im 2. Jahrhundert nach Christus und vertrat das geozentrische Weltbild mit der Erde im Mittelpunkt, auf das sich die Menschheit nach ihm noch länger als ein Jahrtausend beziehen sollte. Er war Geograph, Mathematiker und ein berühmter Astrologe und Astronom, der das bis in unsere Zeit fast unveränderte Regelwerk der Astrologie, den *Tetrabiblos*, welcher aus vier Büchern besteht, verfaßte. Darin riet er zu einer sorgfältigen Gesamtschau des Geburtshoroskops. Er erwähnte auch, daß man bei der Beurteilung eines Menschen ebenso dessen Milieu und Erziehung berücksichtigen solle, was einer modernen ganzheitlichen psychologischen Betrachtungsweise entspricht.
Eine spätere Berühmtheit in der Geschichte der Astrologie war Philippus Theophrastus Bombastus von Hohenheim (1493–1541), der sich selbst stolz Paracelsus nannte. Er war Arzt, Alchimist sowie Philosoph, und von ihm stammt jener von Astrologen so viel zitierte Satz: »Ein guter Arzt muß immer auch ein guter Astronomus sein.« Dazwischen lebte der Bischof Isidor von Sevilla (560–636). Er schrieb, ein Arzt solle immer auch sternkundig sein. Erwähnt werden muß natürlich die berühmte weibliche Vertreterin einer sternenkundigen Heilkunst, Hildegard von Bingen (1098–1179). Sie war fasziniert von den Analogien zwischen Himmel und Erde, sammelte Kräuter, pflanzte sie im Klostergarten an und schrieb über die Wirkung der Mondphasen. Natürlich war die heilige Hildegard nicht der einzige weibliche astrologisch denkende Mensch. Aber ihr Name sei hier stellvertretend genannt für

all die Frauen, die als Tempelpriesterinnen, Nonnen und angebliche Hexen ihr ganzheitliches Wissen über die Jahrhunderte hinweg weitergegeben haben.
Bis ins 16. Jahrhundert dauerte die Hoch-Zeit der Astrologie. Beinahe alle angesehenen Denker – wie Platon und Aristoteles im Altertum, Naturwissenschaftler wie Nikolaus Kopernikus (1473–1543), Johannes Kepler (1571–1630) und Galileo Galilei (1564–1624) – dachten astrologisch und berechneten auch Horoskope. Am bekanntesten ist das von Kepler angefertigte Horoskop Wallensteins aus dem Jahr 1608. Die Astrologie wurde an den Universitäten gelehrt, und auch viele Bischöfe und einige Päpste förderten die Sternkunde. Wie es heute selbstverständlich ist, daß ein Naturwissenschaftler Einsteins Relativitätstheorie kennt und versteht, so war damals jeder denkende Kopf in der Astrologie bewandert.

DER NIEDERGANG

Bereits Ende des 16. Jahrhunderts hatte die Astrologie ihren guten Ruf in vielen Ländern Europas verloren. Es gab päpstliche Anordnungen wie die Bulle »Constitutio coeli et terrae« von 1586, in der ein Verbot der Astrologie ausgesprochen wurde, und die meisten Universitäten schafften ihren Lehrstuhl für Astrologie ab.
Worauf war dieser rapide Niedergang zurückzuführen? Es gibt sicher zahlreiche Gründe. Der wichtigste ist, daß sich der menschliche Geist von den Fesseln tradierter Vorstellungen zu befreien begann. Er löste sich mit der Reformation von Rom und später mit der Französischen Revolution von seinen königlichen und kaiserlichen »Göttern«. Da war es nur konsequent, sich auch von den »Göttern am Himmel« loszusagen. Der zweite Grund war der, daß sich im Laufe der Zeit grobe Fehler astrologischer Vorhersagen herumsprachen. So hatte es wohl keine Prophezeiung gegeben, die den Dreißigjährigen Krieg oder die Pest rechtzeitig in den Sternen sah. Der dritte Grund wird häufig von den professionellen Astrologen angeführt. Sie behaupten, daß die falschen Propheten, also die unseriösen Astrologen, der wahrhaften Sterndeutekunst das Aus bescherten. Eine Kunst wie die Astrologie lockt natürlich auch faustische Gestalten an, die davon besessen sind, dem Schicksal einen Schritt voraus zu sein. Solche Schwarmgeister

Die 1524 prophezeite Sintflut aufgrund einer Planetenballung im Fischezeichen fand nicht statt

und falsche Propheten haben der Astrologie bestimmt geschadet, besonders auch, weil durch die Erfindung der Buchdruckerkunst jede selbst noch so törichte Prophezeiung in einer hohen Auflage verbreitet werden konnte. Aber den guten Ruf der Astrologie haben letztlich auch sie nicht ruiniert.
Nein, es waren die Astrologen selbst. Als im 16. und 17. Jahrhundert durch immer neue Entdeckungen die Erde ihre zentrale Stellung verlor und sich ein völlig neues naturwissenschaftliches Verständnis durchsetzte, versuchte die Astrologie mitzuhalten und verlor wegen ihrer unhaltbaren Thesen jeden Kredit in den gelehrten Kreisen. Schon Kepler, der seiner Zeit um Jahrzehnte voraus war, hatte die Astrologen gewarnt und ihnen geraten, ihre Kunst nicht auf einen naturwissenschaftlichen, sondern auf einen philosophischen Boden zu stellen. Er sagte, es sei unmöglich, zu denken, daß die Sterne mittels irgendwelcher Strahlungen die menschliche Seele berühren könnten. Er sprach in diesem Zusammenhang von einem astrologischen Instinkt, der im menschlichen Geist verankert sei. Aber sein »psychologischer Ansatz« wurde überhört und ging schließlich völlig unter. Die Astrologen sahen sich im Gegenteil dazu veranlaßt, immer hanebüchenere »wissenschaftliche« Thesen aufzustellen. Die Folge war ein gewaltiges Gelächter der gesamten gelehrten Welt im 17. Jahrhundert, das bis heute noch nicht verklungen ist.

DER NEUBEGINN

Erst im 19. und dann besonders im 20. Jahrhundert besann sich der Mensch wieder vermehrt seiner fernen Vergangenheit. Der Schweizer Psychoanalytiker C. G. Jung etwa sagte, daß die Astrologen endlich darangehen müßten, ihre Projektionen, die sie vor Jahrtausenden an den Himmel geworfen hätten, wieder auf die Erde zurückzuholen. In jeder menschlichen Seele seien die Kräfte der astrologischen Archetypen, der archaischen Urbilder, enthalten und dort wirksam. So wird der Raum am Himmel mit den Zeichen und Planeten zu einer Landkarte menschlicher Anschauung. Dabei ist es nicht so, daß zum Beispiel der Planet Mars die Geschicke *bestimmt*, sondern er *zeigt* durch seine Position den Gesetzen der Analogie folgend *auf*, was in der menschlichen Seele vor sich geht.

Nach seiner jahrtausendelangen Reise heraus aus der Allverbundenheit hat der Mensch also begonnen, den Bezug zu seinen Ursprüngen wiederherzustellen. Er besinnt sich als kritischer und freier Geist darauf, was schon immer in ihm vorhanden war. Damit beginnt die Ära einer psychologischen oder philosophischen Astrologie. Und das ist auch die Geburtsstunde einer Astrologie, die ganzheitlich denkt und arbeitet.

In etwa parallel zu dieser allmählichen Hinwendung zur Psychologie und Philosophie übernahmen Computer mit entsprechender Software den komplexen Rechenvorgang zur Erstellung eines Geburtshoroskops. Bis vor vielleicht zehn, zwanzig Jahren gehörte es zum Standardkönnen eines jeden Astrologen, Horoskope zu berechnen und zu zeichnen. Dies ist sehr wahrscheinlich einer der Gründe, warum Frauen unter den Sterndeutern damals deutlich in der Minderzahl waren. Es ist einfach nicht ihr Metier, sich mit trockenen Zahlen und komplizierten Berechnungen herumzuschlagen, wo es doch um seelische Vorgänge geht – und diese Feststellung ist in keiner Weise abwertend gemeint, denn heute sind Frauen unter den Astrologen bei weitem in der Überzahl.

Der PC spuckt nach Eingabe von Name, Geburtsdatum, -ort und -zeit in Sekundenschnelle das Horoskop aus. Die astrologische Kunst scheint jetzt »nur« noch darin zu bestehen, die Konstellationen richtig zu deuten. Und auch hier ersetzt der Computer mehr und mehr den Astrologen. Es gibt schon seit einigen Jahren Programme, die mit entsprechenden Textbausteinen zu bemerkenswert treffenden Aussagen kommen. Ist dies nun das Ende der Sterndeuter? Ich meine: im Gegenteil! Überlassen wir dem »Computer-Astrologen« ruhig die Grundarbeit. Das spart Zeit. Dafür kann der »Mensch-Astrologe« die einzelnen Fakten im Sinne einer ganzheitlichen Schau zusammentragen und sich völlig dem Verständnis der einmaligen, individuellen Persönlichkeit widmen. Ebendafür ist ein großes Maß an Intuition, die ja gerade eine weibliche Stärke ist, mit Sicherheit von Vorteil.

Teil I DAS TIERKREISZEICHEN

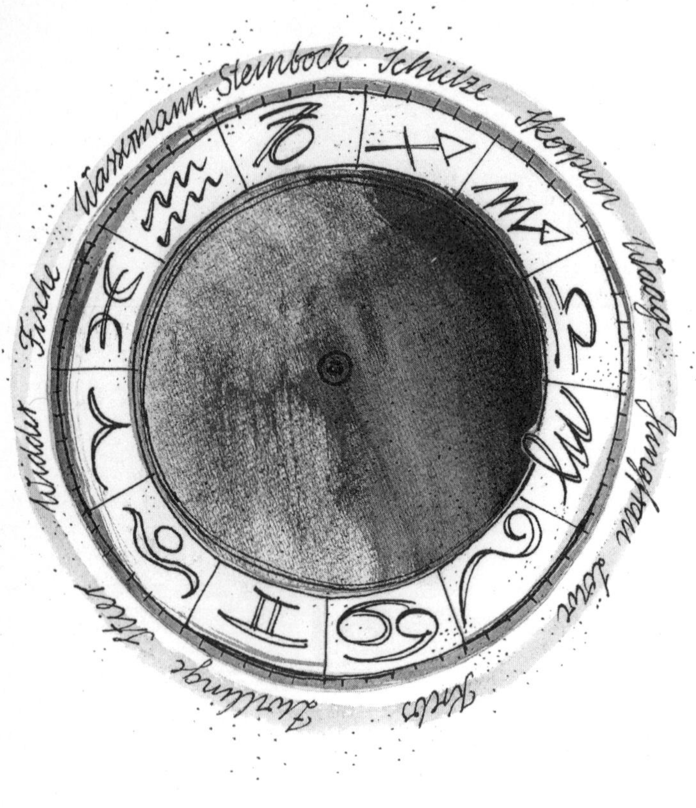

Der astrologische Tierkreis besteht aus zwölf Tierkreiszeichen

WAS IST EIGENTLICH EIN TIERKREISZEICHEN?

Die Erde dreht sich bekanntlich einmal im Jahr um die Sonne. Von uns aus gesehen, scheint es aber so zu sein, daß die Sonne eine kreisförmige Bahn um die Erde beschreibt. Der Astrologie wird vielfach vorgeworfen, sie ignoriere diesen grundlegenden Unterschied. In Wirklichkeit ist er für die astrologischen Berechnungen und Horoskopdeutungen jedoch nicht von Bedeutung.

Diesen in den Himmel projizierten Kreis nennt man »Ekliptik«. Die Ekliptik wird in zwölf gleich große Abschnitte gegliedert, denen die Namen der zwölf Tierkreiszeichen zugeordnet sind. Zwischen dem 21. März und dem 20. April durchläuft die Sonne gerade den Abschnitt Widder, weswegen dieses Tierkreiszeichen auch Ihr »Sonnenzeichen« genannt wird.

Jedes Tierkreiszeichen symbolisiert bestimmte Charaktereigenschaften und Verhaltensweisen, die mehr oder weniger typisch für die in dem betreffendem Zeitraum geborenen Menschen sind. Wie schon im Vorwort angedeutet wurde, handelt es sich bei diesen Archetypen allerdings nur um *einen* Aspekt der Persönlichkeit, der durch die Aussagen ergänzt bzw. beeinflußt wird, die sich herleiten von dem individuellen Aszendenten und der Tierkreiszeichen-Stellung der anderen Planeten zum Zeitpunkt der Geburt (dazu später mehr). Für ein wirklich aussagekräftiges Horoskop müssen Sie also auch die übrigen Konstellationen berücksichtigen und sie mit Ihrem Sonnenzeichen in Beziehung setzen.

Ebenso wie der Kreislauf des Jahres wird die Bahn, welche die Sonne an einem Tag scheinbar um die Erde zurücklegt, in zwölf Abschnitte gegliedert. So können etwa Ihr Aszendent und damit der Anfang des ersten Hauses sowie die Mondposition gefunden werden.

In diesem Buch werden nicht alle, aber die wichtigsten Horoskopfaktoren sowie ihre Ermittlung und Bedeutung besprochen. Wenn Sie darüber hinausgehende Informationen wünschen, finden Sie eine Fülle spezieller Fachliteratur dazu. Die genauen Gestirnspositionen zum Zeitpunkt Ihrer Geburt können Sie zum Beispiel den vom Computer errechneten Horoskopzeichnungen entnehmen, die inzwischen von vielen Anbietern verschickt werden (siehe auch die Info am Ende des Buches).

Doch beginnen wir jetzt mit der Betrachtung Ihres Sonnenzeichens, um zunächst einmal herauszufinden, was denn nun »typisch Widder« ist.

Tierkreiszeichen Widder – DER HINTERGRUND

Der Widder ist das erste Zeichen im astrologischen Tierkreis. Dieser auch »Zodiakus« oder »Ekliptik« genannte Kreis ist ein Symbol, ein Abbild des Universums mit allem, was darin existiert: Mensch, Tier, Pflanze, Leben und Tod, Liebe und Haß, der einzelne und das Ganze. Der Tierkreis beruht auf Analogien, also Entsprechungen bzw. Übereinstimmungen; und das Bild des Widders steht dabei für den *Anfang von allem*.

Als Sie das Licht der Welt erblickten und Ihren ersten Atemzug taten, war das Zeichen Widder das Sinnbild, welches in der Symbolsprache diesen wichtigen Lebenszeitpunkt repräsentiert. Ebenso ist der sogenannte Urknall des Universums, mit dem nach weithin geteilter Auffassung alles seinen Anfang genommen haben soll, die »konkrete« Entsprechung des übergeordneten Prinzips Widder.

»Am Anfang war das Wort«, heißt es in der Bibel. Wenn dem so ist, dann symbolisiert der Widder dieses inspirierende »göttliche Wort«, das alles andere schuf. Das Widderprinzip steht in der Hauptsache für »Anfang, Beginn, Startkraft, Zündung, Inspiration, Aufbruch, Durchbruch, Expansion, Extraversion«. Für all dies wählten die Astrologen ein einziges Wort: »Widder«. Doch was hat dieses Tier, ein Schafbock – nach weitläufiger Ansicht eher einfältig und recht primitiv –, mit dem wichtigen Lebensprinzip des Beginns gemein?
Zunächst einmal: Wenn für eine Qualität ein »Tiername« vergeben ist, dann wird damit rein symbolisch folgendes zum Ausdruck gebracht: »Tierhaft« meint die *allen* Menschen gemeinsamen Vorgänge, die reflexartig, instinktiv, unbewußt, ohne Einmischung »höherer« kognitivbewußter Prozesse ablaufen. Das ist alles andere als eine Abwertung ...
Im März/April, also zur Zeit des Widders, schießt die Natur förmlich aus der Erde heraus. Es entwickelt sich eine ungeheure Kraft, ohne die das Leben unvorstellbar wäre.

EIN PLATZ AN DER SONNE

Der Grund jedes einzelnen Grashalms, derartig zu werkeln und auf Teufel komm raus zu powern, ist der, schneller zu sein als die anderen. In der Natur dreht sich alles um einen günstigen »Platz an der Sonne«. Wer vorn ist, bekommt mehr Licht und Wärme, und wer davon mehr hat, wächst noch schneller. Es ist wirklich wie beim Wettlauf: Der Start entscheidet über alles Weitere.
Wenn Sie ein typischer Widdergeborener sind, dann stehen Sie diesem Thema besonders nah. Dann sind Sie sozusagen ein Vertreter des alles entscheidenden schnellen Starts. Sie müssen loslegen, es ist Ihre Bestimmung, Sie haben es nicht in der Hand, es entzieht sich Ihrer bewußten Kontrolle.
Wahrscheinlich waren Sie schon als Kind sofort dabei, »hier« zu rufen, wenn es etwas Angenehmes gab, Schokolade zum Beispiel. Wissen Sie noch, wie schnell Sie aber auch protestierten und »nein« sagten, wenn Ihnen etwas nicht paßte? Bei diesen Verhaltensweisen ist es immer das Widderprinzip, das wirkt: das Bestreben, sich bessere Bedingungen zu verschaffen.
In jeder Kurzcharakteristik liest man es, und bestimmt hat man es Ihnen auch schon genügend häufig vorgeworfen: »Du bist rücksichtslos

und egoistisch, du denkst immer zuerst an dich …!« Doch wenn es darum geht, schneller zu sein, ist Rücksicht ein Luxus, den man sich nicht leisten kann.
Ganz weit drinnen steckt in jedem Widder eine tiefe, tiefe Angst. Es ist die Angst des Lebens vor dem Tod. Nicht schnell genug zu sein bedeutet, keinen günstigen Platz an der Sonne zu bekommen … Widdern scheint daher unsere Leistungs- und Wettbewerbsgesellschaft direkt auf den Leib geschrieben zu sein: Sich zu behaupten, sich auseinanderzusetzen, miteinander zu konkurrieren, damit der Bessere gewinnt, entspricht ganz ihrem Wesen.
Joschka Fischer äußerte sich in einem TV-Interview einmal darüber, daß in die Widderzeit eindeutig mehr Geburtstage von Politikern fallen als in andere Tierkreiszeichen. Helmut Kohl, Gerhard Schröder, Richard von Weizsäcker, Daniel Cohn-Bendit und eben Joschka Fischer sind die bekanntesten. Dazu passen auch Namen aus der Geschichte wie Karl der Große, Maximilian I., Otto von Bismarck und Wilhelm I.
Als typischer Widdergeborener erlebt man das Dasein grundsätzlich als Herausforderung, als Möglichkeit, sich selbst und seine Wünsche, Ideen und Träume zu verwirklichen. Allerdings muß man dafür auch an der richtigen Stelle stehen: Tag für Tag die gleichen Handgriffe auszuführen und dieselben Aufgaben zu verrichten macht Widder zunächst grantig und unglücklich und am Ende ernsthaft krank. Es muß immer irgendwo auch nach ihrem Kopf gehen. Nur zu tun, was andere vorsagen, ist gegen ihre Natur. Denn der Widder eröffnet wie gesagt den Tierkreis und ist somit dazu bestimmt, zu initiieren und anzuführen. Widdermenschen bekommen daher Probleme, wenn sie diesem Antrieb zuwenig nachgeben können. Das bedeutet nicht, daß sie gleich zum Bundeskanzler, Chef vom Dienst oder Abteilungsleiter prädestiniert sind, aber sie müssen ihre Ideen einbringen und den Ton angeben können.
Läßt sich's schon nicht im Beruf anführen oder bestimmen, dann muß dem Widder wenigstens sonst im Leben etwas geboten werden. Ausgesprochene Widderidole und -geborene sind und waren all die Raufbolde und Draufgänger des Films und des wirklichen Lebens wie Giacomo Casanova, Terence Hill, Bette Davis, Hardy Krüger, Steve McQueen, Marlon Brando und Jean-Paul Belmondo.
Doch aus meiner therapeutischen Praxis kenne ich auch viele Widder, die eine tiefe Abneigung gegen ihre eigene Anlage hegen. Sie erleben

diese Kraft als aggressiv, lieblos, zerstörerisch, und sie versuchen sie aus ihrem Leben zu verbannen. Allerdings entzieht sich dieses Potential bekanntermaßen der bewußten Einflußnahme. Wird das Widdernaturell unterdrückt, sucht es sich eine andere Ausdrucksmöglichkeit, es kommt auf jeden Fall zum Vorschein.

Ich erinnere mich beispielsweise an einen Widdermann, der in einem Wochenendseminar sämtliche Teilnehmer gegen sich aufbrachte, obwohl er immer wieder äußerte, daß er ein unglaublich friedliebender Mensch sei und schon Bedenken habe, wenn etwas lauter miteinander gesprochen werde. Aber jedem Seminarteilnehmer platzte diesem Widdergeborenen gegenüber ob der Penetranz seiner Beteuerungen irgendwann der Kragen. Mit anderen Worten, er projizierte alle seine Aggressionen auf die Menschen in seiner Umgebung.

In Familien, in denen der Vater oder die Mutter ihr Widderpotential nicht leben, kann ebenfalls eine solche Verlagerung geschehen, die allerdings nicht so offensichtlich wie im ersten Beispiel erklärbar ist. Bekommen sie ein Kind, so ist es nämlich durchaus möglich, daß dieses besonders aggressiv, laut und draufgängerisch wird und somit das lebt, was die Eltern zu unterdrücken versuchen …

Der Widder ist immer der Erste

Mein drittes Beispiel grenzt schon an Komik: Ich kenne einen Widdermann, der wirklich sehr friedlich lebt. Er ist Maler und hält sich am liebsten vor seiner Leinwand auf. Aus finanziellen Gründen ist er jedoch regelmäßig darauf angewiesen, einen Job anzunehmen. Wo immer er aber anfängt zu arbeiten, hat er innerhalb von einer Woche sämtliche Vorgesetzten und Kollegen gegen sich aufgebracht, obwohl er ihnen vordergründig wirklich keinen Grund gibt. Der Höhepunkt war, als er sich in den Ferien als Ziegenhirt in der Schweiz verdingte. Nach dem dritten Versuch mußte er die Tätigkeit aufgeben, weil sich ein starker männlicher Ziegenbock (ein Widdergeborener?) gegen ihn eingeschworen hatte und ihn droben auf den Bergen regelrecht bedrängte, so daß mein Bekannter Angst bekam, der Bock würde ihn am Ende irgendwann in einen Abgrund stoßen. Was hier wie ein Witz anmutet, beweist, daß sich ein Naturell nicht einfach aus der Welt schaffen läßt – und dies trifft keineswegs nur auf dasjenige des Widders zu. Man kann es sich selbst vom Leib halten, aber dann bekommt man es eben von anderen widergespiegelt und ist dennoch davon betroffen …

Erst kürzlich habe ich wieder einmal erfahren, daß es tatsächlich richtig gefährlich sein kann, sein eigenes Widderpotential nicht zu leben. Eine Widderfrau kam zu mir in die Therapie, nachdem sie innerhalb eines halben Jahres bereits den dritten Autounfall hatte. Das letzte Mal saß auch ihr zweijähriger Sohn im Wagen und entging nur um Haaresbreite einer Katastrophe. In unserer therapeutischen Analyse trat zutage, daß die Frau eigentlich sehr wütend auf ihren Mann war (dem auch das Auto gehörte). Aber weil sie eine »vollkommene« Gattin sein wollte (und ihren Mann auch tatsächlich liebt), verbot sie sich diesen Ärger. Prompt fand die Wut eine andere Möglichkeit, sich zu äußern, was sich im Demolieren des vom Gatten über alles geliebten Autos manifestierte.

Kein Widder kommt an seinem Widderpotential vorbei. Es verhält sich sogar eher so, daß diese Kraft um so stärker und auch negativer wird, je mehr sich jemand gegen sie wehrt und sperrt. Es ist für einen Widder selbst wie auch für alle seine Mitmenschen angenehmer, wenn er zu seiner Kraft steht und sie in konstruktiver Weise auslebt – sei es im Beruf, auf dem Sportplatz oder bei irgendwelchen anderen Hobbys –, als wenn er versucht, sie zu »bändigen«, und sie dabei doch nur verdrängt.

Die Ursache derartiger Blockaden gegen die eigene Widderkraft liegt fast immer in einer gestörten Beziehung zur eigenen Herkunft: Wenn beispielsweise der Vater nicht als positive und lebenbewirkende Kraft gesehen werden kann, wird in der Regel auch die eigene Kraft nicht als positiv und lebenbewirkend erlebt ...

Doch kommen wir zurück zum »Tiersymbol« Widder und einer weiteren Bedeutung, die sich hinter diesem »einfachen Schafsbock« verbirgt: Bei einem Widder handelt es sich, wie man weiß, um ein männliches Schaf, zu dessen vorrangigen Aufgaben es gehört, seine Artgenossinnen zu besamen. Mit anderen Worten: Das Prinzip Widder ist vor allem auch ein Symbol für Sexualität, Fruchtbarkeit und Lebenskraft.

Wenn Sie ein typischer Widder sind, dann ist es Ihre hauptsächliche Bestimmung, Leben zu spenden. Zum einen kann man das im wörtlichen Sinn verstehen: Mir ist kein Widder bekannt, der nicht wenigstens ein Kind hat. Ich weiß von einem, der fünf stramme Jungs in die Welt gesetzt hat (oder vielmehr seine Frau, aber davon redet der fleißige und stolze Widdervater nie). Und ich kenne den Sohn einer Widderfrau, die in ihrem erfüllten Leben sage und schreibe 23 Kinder gebar!

Zeugen, befruchten und Leben schenken gilt natürlich auch im übertragenen Sinne: Widder müssen etwas tun, das ihnen das Gefühl vermittelt, dem Leben zu nützen, es voranzutreiben, es mit ihren eigenen Ideen anzureichern. Alles andere ist für sie sinnlos und langweilig.

Derartige Empfindungen kennen Sie als typischer Widder bestimmt sehr gut: einen öden Tag erleben, nicht wissen, was man tun soll, nicht vorwärtskommen, kein richtiges Ziel haben ... Kaum ein anderes Zeichen im Tierkreis leidet so sehr unter Einfallslosigkeit. Wohl niemand kämpft so innig gegen Routine und Langeweile, beschwert sich, lamentiert, protestiert, nervt. Umgekehrt gibt es wahrscheinlich keinen, der so leicht zu begeistern ist, so schnell Feuer fängt, überall, wo er sich aufhält, ungebeten kleine Schubse verpaßt, damit ja nichts stehenbleibt.

Da kann man dann sagen: »Hör doch auf zu jammern, anderen geht's doch noch viel schlechter ...!« Doch das alles nutzt nichts. Es ist das unerfüllte Lebensprinzip, das hier protestiert und nervt. Wenn es überhaupt nichts finden kann, dann schnappt sich solch ein frustriertes Widdertemperament auch mal einen naiven Therapeuten und kämpft eben mit ihm – das ist offensichtlich immer noch besser, als nichts zu tun. Mit anderen Worten, man muß sehr achtgeben, daß man, will man einem Widder helfen, nicht ganz schnell zu seinem Widersacher wird, an dem sich dann dessen ganzes Feuer entzünden kann!

Noch ein weiteres wichtiges Prinzip versteckt sich hinter dem Namen »Widder«: Den Winter über verbringen die Schafe auf engstem Raum zusammengepfercht im Stall, weil sie sehr kälteempfindlich sind (das sind übrigens auch Widdermenschen). Kaum erlaubt es das Wetter, wollen sie raus – frische Luft, erstes Grün, blauer Himmel (und auch darin sind sie den Widdermenschen ähnlich). Ich habe einmal in den Bergen erlebt, wie ein Bauer das erste Mal im Jahr die Türen des Stalls öffnete und die Schafe samt einem Widder ins Freie hinausliefen. Anfangs waren sie geblendet, fühlten sich dann aber von Minute zu Minute sicherer und begannen eigenartige Verrenkungen zu vollführen, so als wollten sie sich in einer Art Gymnastik warmlaufen. Dann begannen sie in die Luft zu springen. Ich werde nie vergessen, wie die Schafe, allen voran der Widder, mit ihren staksigen Beinen in die Luft sprangen – aus Freude, aus Übermut, aus Lebenslust.

Die Menschen früherer Zeiten sahen darin jedoch noch mehr: Die eigenartig spontanen Verrenkungen dienten als Symbol für etwas, was Widdergeborenen häufig widerfährt, nämlich daß ihnen urplötzlich, ohne für andere ersichtlichen Grund, eine Idee kommt, sie einen Impuls verspüren, sie schlagartig von etwas begeistert sind.

Typische Widder haben häufig keinen blassen Dunst davon, warum sie etwas tun oder nicht, sie können keinen erklärbaren Anlaß für ein bestimmtes Handeln oder Fühlen nennen. Wenn man sie nach dem Grund fragt, wissen sie keinen oder versuchen mühsam, einen zu konstruieren. Widdergeborene werden inspiriert, sie haben einen Draht zu etwas, das man mit logischen, vernünftigen oder empirischen Mitteln nicht nachvollziehen kann. Es überkommt sie einfach. Aber – und das ist das Entscheidende – ihre Inspiration ist genauso »wahr« wie ein logischer Schluß oder wie eine »abgesicherte« Erfahrung, und ihre Handlungen sind ebenso sinnvoll. Insbesondere Widderfrauen, so habe ich es immer wieder erfahren, beginnen rasch an sich zu zweifeln, wenn jemand kommt und von ihnen verlangt, sie sollten ihre Entschlüsse begründen. Sie versuchen dann häufig, es dem Fragenden recht zu machen, und verstricken sich immer mehr in Widersprüchen. In Wirklichkeit gibt es bei ihren Entscheidungen jedoch nichts zu begründen. Inspirationen, gute Ideen und sinnvolle Eingebungen brauchen normalerweise keine Rechtfertigung.

Vielleicht müßte es in der Bibel besser heißen: »Am Anfang war die *Inspiration.*« Ich halte die Gabe der Inspiration nämlich für die charakteristischste Eigenschaft von Widdermenschen. Die einzigen Widder, für die das nicht zutrifft, sind diejenigen, die einmal inspiriert waren, aber dann durch Enttäuschungen und widrige Umstände zu Zynikern wurden. Wenn man zum ersten Mal einen Widder trifft, kann man ihn für eine inspirierte Seele halten oder auch nicht, je nachdem, in welcher Stimmung er ist und was er von einem hält. Hat man jedoch die Gelegenheit, ihn näher kennenzulernen, erlebt man schnell die ansteckende Begeisterung, in der er seine Leidenschaften mit anderen teilt. Wenn er, wie viele Widder, ein Intellektueller ist, verfällt man schon bald seinen Theorien und Meinungen. Für den intellektuellen Widder haben gute Ideen immer etwas Inspirierendes. Inhaltlich kann es dabei um alles mögliche gehen, von der Struktur des Universums bis zu der Frage, wie man einem Tennisball den richtigen Dreh versetzt. Gleich, welche Ideen dem Widdermenschen gefallen, sie werden seinen Geist beflügeln, und er wird versuchen, sie auch anderen schmackhaft zu machen.
Es gibt aber auch den *praktischen* inspirierten Widdermenschen, der von einer Tat zur nächsten eilt. Der moderne Manager ist der Prototyp eines derartigen Widders. Ich hatte einmal das Vergnügen, mit einem sehr erfolgreichen Widdergeborenen zu Mittag zu essen. Er hat heute eine Topposition in der Wirtschaft. Damals suchte er ein Gespräch mit mir. Seine Frage an den Astrologen lautete wörtlich: »Können Sie mir sagen, woher ich die Unverschämtheit nehme, ständig neue Firmen aufzukaufen und wie ein Irrer zu expandieren? Woher soll ich eigentlich wissen, daß ich mit dem, was ich tue, richtig liege?« Ich weiß noch, ich habe ihm damals gesagt, daß er eben ein Widder sei und seine Ideen aus dem Nirgendwo kämen. Aber genau das sei seine Stärke – und damit müsse er leben.
Wenn Sie ein Widder sind, möchte ich Sie richtiggehend dazu ermuntern, Ihrer Inspiration zu vertrauen. Tun Sie, was sie Ihnen sagt, auch wenn Sie es nicht immer begründen können. Ihre Inspiration ist ein Geschenk der Götter; niemand sonst wird damit so reich beschenkt wie gerade Sie.

Liebe, Sex
UND PARTNERSCHAFT

Mit dem Widder wird die Liebe heiß

Kürzlich rief mich eine Frau an und sagte, daß sie unbedingt sofort einen Termin für sich und ihren Partner brauche. Schon in der Dringlichkeit ließ sich der Widder erkennen, was sich dann später auch bestätigte. Ich nannte ihr den nächsten freien Termin; es war ihr natürlich viel zu lange hin, aber was sollte sie machen.

Sie erschienen beide gemeinsam zur Sitzung. Sie eine temperamentvolle Widderfrau, er ein Fischegeborener. Die Widderlady kam auch ganz schnell zum Kern der Sache: »Er hat mich betrogen!« Der Fischemann sah betroffen aus und meinte, das stimme, er habe vor einiger Zeit während einer Weiterbildungsveranstaltung mit einer Teilnehmerin ein Verhältnis gehabt. Noch bevor der Mann mit seinem Satz fertig war, brauste die Widderfrau auf, sprang vom Stuhl hoch, beschimpfte ihren Mann, fuhr ihm beinahe an den Hals, weinte, tobte, schrie, daß sie so nicht mehr leben wolle, rannte zur Tür hinaus, kam wieder zurück ... Es war wie in einem Film von Bertolucci oder einem anderen Italiener: Dramatik pur!
Der Fischemann wandte sich vorsichtig seiner Frau zu und sagte: »Es ist ja vorbei, schau, es tut mir wirklich sehr leid. Ich hab' es dir ja auch schon mehrmals gesagt.« Die Widderfrau beruhigte sich, und unvermutet rasch kam ihr strahlendes Lächeln wieder zum Vorschein (niemand vermag so schnell zwischen teuflischer Wut und einem himmlischen Lächeln hin und her zu wechseln wie ein Widder).
Nach weiteren fünf Minuten fuhr sie ihn jedoch erneut an: »Und was empfindest du *jetzt* für diese Frau?« Der Fischemann war sichtlich bemüht, eine Antwort zu geben, die sie gütig stimmen könnte, und sagte: »Ich habe es dir ja schon öfter gesagt, daß ich schon noch ein paar Gefühle für sie habe, aber daß meine Gefühle, meine Liebe zu dir mir viel wichtiger sind.« – »Siehst du«, fuhr sie ihn an und sprang dabei wieder vom Stuhl, »du hast immer noch Gefühle für sie. Nur wegen mir unterdrückst du deine Liebe zu ihr. Wenn es mich nicht gäbe, würdest du zu ihr gehen ...«, und sie rannte heulend zur Tür hinaus und schlug sie laut hinter sich zu. Der Fischemann blieb resigniert sitzen, schüttelte den Kopf und sagte zu mir: »Egal, wie ich es mache, es ist immer falsch!« Nach einer kurzen Pause fügte er hinzu: »Aber ich liebe sie!«
Typische Widder kann man nur lieben – oder man muß ihnen aus dem Weg gehen. Sie sind in der Regel hemmungslose Egozentriker, sie wollen immer das, was sie nicht haben. Sie leben in einer Welt, in der die Männer noch »richtige« Männer sind, um ihre Frauen kämpfen, sie erobern, auf Händen tragen und bereit sind, für sie zu sterben – und in der die Frauen natürlich »richtige« Frauen sind, die für ihren Mann leiden und kämpfen, mit ihm durch dick und dünn gehen und bereit sind, mit ihm und in seinen Armen zu sterben. Natürlich gehört zu dieser Welt Eifersucht. Liebe ohne Eifersucht ist nach Meinung eines Widders undenkbar.

Nein, es gibt keinen leidenschaftlicheren Archetypus als den des Widders, sei es in bezug auf Sex, Gefühle oder auch romantische Liebe. Das Widderprinzip ist unter den Feuerzeichen das stärkste, und Feuer symbolisiert Leidenschaft und gleichzeitig den Zorn. Die Leidenschaft eines Widders kann demgemäß sehr leicht in Reizbarkeit und Wutausbrüche umschlagen, wenn man sich seinem entschiedenen Willen widersetzt oder wenn er sich falsch verstanden fühlt.

An der Seite eines Widders wird also ständig etwas geboten. Friede und Harmonie gehören eindeutig zu den selteneren Gütern einer Partnerschaft mit Widdern. Und trotzdem sind sie selten allein. Ich bin sogar davon überzeugt, daß Widdergeborene zu den Menschen gehören, die am wenigsten allein leben. Wie ist das möglich? Sollte man nicht denken, daß jedermann einen derartigen feuerspeienden Vulkan meidet wie die Pest?

Weit gefehlt! Widder bringen Dramatik, ja, aber sie vermitteln auch das Gefühl, am Leben zu sein. Sie schauen nicht zu, wenn ihr Partner neben ihnen allmählich alt wird und einzuschlafen droht. Sie halten ihn wach und lebendig, notfalls mit dem Gefauche und Getöse eines Tigers. Widder sind Egozentriker, sie sind ungerecht, aber alles in allem – dies ist immer noch besser als die gähnende Langeweile und Gleichgültigkeit, in der so viele andere Ehen vor sich hin dümpeln …

Widder haben auch keinerlei Schwierigkeiten, Anschluß zu finden. Ihre offene, direkte, charmante Art scheint ihnen sämtliche Türen zu öffnen. Menschen, die allein leben, tun dies in 99 von 100 Fällen ja nicht deswegen, weil sie irgend etwas Abstoßendes an sich hätten. Das Problem liegt eher darin, daß sie es nicht fertigbringen, sich entsprechend bemerkbar zu machen. Sie sind entweder überhaupt zu gehemmt, den Mund aufzukriegen und zu sagen, was sie wollen. Oder sie senden derartig widersprüchliche Botschaften aus, daß keiner in ihrer Umgebung durchblickt. Zu diesen Menschen gehören Widder nicht. Sie sagen, was sie denken, und genieren sich auch nicht, jemanden direkt zu fragen: »Hast du Zeit für mich?« Mit anderen Worten, keins der übrigen Tierkreiszeichen (abgesehen vielleicht von einem Zwillingegeborenen) bricht das Eis, das normalerweise zwischen fremden Menschen liegt, so leicht wie ein Widder.

Seine Lieblingsjagdgründe sind natürlich sämtliche Sportstätten, insbesondere die Fitneßstudios, die sich überhaupt mehr und mehr zu einer modernen Begegnungsstätte mausern.

DIE BEZIEHUNGS- UND BINDUNGSFÄHIGKEIT DER WIDDER

Wer von einem ruhigen, harmonischen Zweieridyll träumt, sollte Widder lieber meiden. Aber wer eine lebendige Gemeinschaft sucht, die wie das Leben auch zuweilen laut und dramatisch, dann wieder leise und sehr zärtlich ist, findet nichts Besseres als ein gemeinsames Leben mit dem Widder.

Am Anfang betrachtet ein typischer Widder – egal, ob Frau oder Mann – den anderen grundsätzlich als seine Beute: »Diesen Mann (bzw. diese Frau) will ich haben, koste es, was es wolle!« Und das Werbespiel, das sich zwar seit Jahrtausenden nicht wesentlich verändert hat, aber von Widdern beiderlei Geschlechts am echtesten vorgetragen wird, kann beginnen. Jemand anderen zu erobern ist beinahe das Spannendste am ganzen Liebesspiel. Für einen Widder wird die Frage, diesen anderen Menschen »zu bekommen«, zum Existenzproblem, als hinge sein Leben davon ab. Es gibt daher auch nichts Leidenschaftlicheres, Bunteres, Aufregenderes, Atemberaubenderes, aber – bei Gott – auch nichts Anstrengenderes als die Anmache eines Widders. Wallendes Blut, kochendes Herz: Millionen Jahre Partnerspiel lassen grüßen. Natürlich sind die Avancen einer Widderfrau niemals derartig direkt wie die eines Mannes. Aber mit ihren weiblichen Waffen – Erotik, Verführungsspiel, vorgetäuschte Schwäche, Rückzug und Angriff – erreicht die Widderdame letztlich genau das gleiche.

Führt die Werbung zum Ziel, und der Widder gewinnt meistens, dann ist er im Himmel. Der erste Kuß, der erste Kontakt mit nackter Haut, das erste Eindringen in eine Frau bzw. das erste In-sich-Aufnehmen eines Mannes ist der absolute Höhepunkt.

Danach geht es eigentlich abwärts, erlischt das rasende Feuer. Natürlich kommen immer wieder neue Höhepunkte. Selbstverständlich wird der Widder Szenen inszenieren, ja sogar Trennungen erfinden, damit es wieder einen Anfang mit dem ganzen Spiel der Eroberung geben wird. Ich kenne ein Widderpaar, das bereits dreimal (!) geheiratet hat. Und zur Zeit leben sie schon wieder in Scheidung. Aber trotzdem, nachdem einmal klar war, daß der andere sich ergeben hat, erlischt das ganz große Feuer und macht anderen Gefühlen Platz: der Herzlichkeit, Freundschaft, Kameradschaft und eventuell der Fürsorge für Kinder und dem Ringen mit der Tagesroutine.

Diese Abkühlung erlebt der Widder selbst mit Traurigkeit in seinem Herzen. Er ist nun mal ein Jäger und Abenteurer, der sich nach neuen Herausforderungen sehnt. Partner von Widdern müssen daher immer für ein bestimmtes Quantum an Aufregung sorgen, sonst besteht die Gefahr, daß sie ihren Widder an einen anderen verlieren, bei dem ihr Held nochmals zur Höchstform auflaufen kann in seiner ganzen Pracht und Herrlichkeit der Eroberung.

SIND WIDDER GUT IM BETT?

Gut? Der Widder ist *der Beste!* Zumindest zeigt er selbst sich davon hundertprozentig überzeugt. Ist sein astrologischer Urahn nicht der Widder, der Stolz eines jeden ländlichen Gehöfts, der einzige, den nicht das Schicksal aller anderen männlichen Schafe ereilt, kastriert und zum Hammel degradiert zu werden? Dieses Urbild des begnadeten Rammlers, Erzeugers und Befruchters schlummert in jedem Widder – besonders aber in den männlichen. Doch auch die weiblichen Vertreter dieses Tierkreiszeichens rühmen sich gern ihrer besonderen Freude an der Liebe und am Sex.

Der Widder gehört wie gesagt zum Feuerelement. Und Feuer ist ein Sinnbild für Leidenschaft. Der Widder, das wurde ebenfalls schon erwähnt, ist das feurigste Feuerzeichen – und somit auch das leidenschaftlichste. Obendrein betrachtet der Widder den Sex genau wie alles andere im Leben: Es geht auch in diesem Bereich darum, wer der Beste ist. Von daher ist eine Nacht mit einem Widder immer etwas Besonderes: Es gilt, Rekorde zu brechen, eine neue Meisterschaft zu gewinnen.

Manche Astrologen behaupten, der Widder sei beim Sex nur in sich selbst verliebt und lediglich an seiner eigenen Befriedigung interessiert. Da ist bestimmt etwas dran, wenn man sich gewisse artistische Höchstleistungen und den Dauereinsatz mancher Widder beim Liebesspiel vor Augen hält. Aber zu einem wirklich spitzenmäßigen Erfolgserlebnis gehört natürlich auch für den Widder, daß der Partner ebenfalls befriedigt ist und selig lächelt.

Unter den Widdern existieren – wie schon angedeutet – tatsächlich Extremisten, die Sex als Sport betreiben, bei dem man Rekorde aufstellt. »Ich bin fünfmal gekommen« – »Ich hatte sechsmal hintereinander einen Orgasmus«: Das sind sicher Äußerungen von Widdern, genauso kann man von ihnen das lässige Gerede von »Nummern« oder »Runden« vernehmen. Aber von solchen Erscheinungen einmal abgesehen, bekommt der Widder im Bett ohne Zweifel eine Eins: weil er den Sex liebt, weil er im Sex eine Erfüllung findet, weil sein leidenschaftliches Feuer andere mitreißt.

An einem ausgiebigen Vor- und Nachspiel ist der Widder allerdings weniger interessiert. Er zielt immer gleich aufs Ganze und möchte ohne große Verzögerung und lästiges Drumherum zum Hauptgang, der sexuellen Vereinigung. Und er ist auch kein Liebhaber irgendwelcher Techniken, die den Orgasmus hinauszögern oder vielleicht sogar ganz unterbinden, wie es zum Beispiel bei bestimmten Liebespraktiken des Tantra oder Kamasutra der Fall ist. Der Orgasmus ist der Höhepunkt, die Erfüllung, für einen Moment erlebt sich das Ego befreit, entspannt und entladen, ein Zustand, der im Leben eines echten Widders überaus rar und wertvoll ist.

Es steht auch nicht zu befürchten, daß die sexuelle Lust eines Widders irgendwann erlahmen könnte. Im Gegenteil. Typische Widder – Frauen genauso wie Männer – behalten ihre Fleischeslust normalerweise bis ins hohe Alter. In meiner Praxis war noch nie jemand, der sich darüber beschwert hätte, daß des Widders Lust versiegt sei. Das Gegenteil traf allerdings schon häufiger zu. Ich meine, daß in einem therapeutischen Partnergespräch vom Widder thematisiert wird, daß sein Partner nicht mehr mit ihm/ihr schlafe. Für den Widder ist es tatsächlich besonders schwierig, sich eine Beziehung und Liebe ohne regelmäßigen Sex vorzustellen.

Nun ist es aber so, daß jede Partnerschaft nach der anfänglich schieren Triebhaftigkeit und Lust in ein mehr und mehr zärtliches Stadium hinübergleitet. Ein Widder erlebt eine derartige Entwicklung immer als Liebesentzug. Ich weiß von vielen Beziehungen, die daran zu Bruch gegangen sind, und rate daher Partnern von Widdern sehr, dieses Problem im Auge zu behalten: Am wichtigsten ist, seinem Widderpartner zu vermitteln, daß weniger Sex überhaupt nichts mit weniger Liebe zu tun hat.

Und noch ein Tip für alle Partner von Widdern: Er (oder sie) fühlt sich nun mal als der King, die Krönung der Schöpfung, als der Erste, der Beste. Und er braucht dann und wann die Bestätigung, daß dies auch so ist. Also geben Sie ihm das Gefühl! Sagen Sie ihm: »Du bist der Schönste, Beste, Tollste ... Mit keinem anderen war der Sex je so befriedigend, du machst mich glücklicher als jeder Mensch zuvor!« Ich meine nicht, daß Sie heucheln sollten. Schließlich gehe ich davon aus, daß für Sie, wenn Sie mit einem Widder das Bett teilen, dies alles tatsächlich stimmig ist. Viele Menschen setzen allerdings voraus, der andere müsse es doch spüren, daß er geliebt wird. Doch der Widder spürt es nicht! Er will es hören, gesagt bekommen. Das hat überhaupt nichts mit seiner Liebesfähigkeit zu tun, sondern lediglich mit seinem Tierkreiszeichen. Also, in Gottes Namen, sagen Sie es ihm (oder ihr) – oder er holt sich diese Bestätigung früher oder später anderswo.

ÜBER DIE TREUE DES WIDDERS ...

Der männliche Widdergeborene sieht sich als Ritter, treu und ergeben derjenigen, der er seinen Schutz angeboten hat. Die Widderfrau wiederum könnte man als Amazone sehen, die genauso selbstverständlich zu ihrem Wort steht. Wenn also ein Widder einmal ja gesagt hat, dann meint er es auch so. Und sofern man es will, wird er sein Ja mit tausend Schwüren festigen und behaupten, daß er sich lieber die Augen ausstechen würde, als seinen geliebten Partner irgendwann zu verlassen: »So viele Sterne am Himmel sind, so viele Tage will ich dich lieben ...!« heißt es in einem italienischen Liebeslied; es muß von einem Widder verfaßt worden sein.

Das einzige Problem besteht darin, daß der Widder als Feuerzeichen letztlich seiner Inspiration folgt – und die wiederum folgt nur dem Augenblick. Mit anderen Worten, bei einem Widder kann man nie sicher sein, ob er seine Treueschwüre nicht bei nächstbester Gelegenheit vergißt. Dazu kommt die Qualität seines astrologischen Urahns, eben des Widders. Und ich meine, daß die Astrologie mit ihren Bildern immer den Nagel auf den Kopf trifft und man diese Symbole durchaus wörtlich nehmen sollte.

Also: In jeder Widderfrau, in jedem Widdermann existiert so etwas wie ein Wissen, eine Ahnung, der einzig »Bevollmächtigte« in einer Herde »begattungswilliger Schafe« zu sein. Für den Widdermann ist es letztlich ein Selbstverständnis, daß jede Frau für ihn geschaffen und zu haben ist. Entsprechendes gilt für die Widderfrau den Männern gegenüber.

Mit der Treue ist es also schwierig für typische Vertreter dieses Tierkreiszeichens. Ich kann mir, offen gesagt, auch gar nicht vorstellen, daß ein Widder sein Lebtag einem einzigen Menschen treu bleibt. Ich möchte aber nicht den Eindruck erwecken, als würde ich für mildernde Umstände plädieren, wenn es ihn erwischt. Die Treue ist nun mal ein existentielles Gut jeder Partnerschaft und muß verteidigt werden, wenn man will, daß eine Beziehung nicht auf Dauer ernsthaften Schaden nimmt. Aber was soll man machen, wenn es dennoch zu einer Eskapade kommt? Aus den Erfahrungen in meiner therapeutischen Praxis glaube ich, daß ein Seitensprung (er darf natürlich nicht zur Regel werden) eine Beziehung auch beleben kann. Das setzt allerdings voraus, daß er in die Partnerschaft eingebracht wird. Ein heimlicher Seitensprung ist immer falsch, denn der »betrogene« Partner spürt die Entfremdung, auch wenn er nicht genau weiß, was der Auslöser ist.

SO HÄLT MAN WIDDER BEI GUTER LAUNE

Es gibt ein wichtiges Gebot, das da lautet: »Lasse einen Widder immer spüren, wie es dir geht!« Umgekehrt gibt es nichts Unerträglicheres für einen Widder, als wenn man ihn im ungewissen läßt, sich von ihm abkapselt und zurückzieht. Der Widder hält schließlich auch mit nichts hinter dem Berg. Seine hinterletzten Gedanken legt er auf den Tisch, ob man sie hören will oder nicht. Er erzählt jedes Gefühl und jedes Wehwehchen. Er ist direkt und geradeheraus.

Der Widder ist kein Gedankenleser. Wenn man ab und an seine Ruhe haben möchte, dann genügt es nicht, mit saurem Gesicht herumzulaufen oder sich irgendwo in die Ecke eines Zimmers zu verziehen und die Kopfhörer aufzusetzen. Nein, man muß ihm klipp und klar sagen: »Hör mal zu, ich will jetzt für ein, zwei Stunden meine Ruhe!«

Ganz falsch ist es, einen Widder zu schonen. Er haßt es, wie ein Kind behandelt zu werden. Er besteht auf Offenheit, er will alles wissen. Es ist ihm tausendmal lieber, sich mit Problemen herumzuschlagen, als irgendwie doch zu spüren, daß etwas nicht stimmt.

Wenn man ihm wirklich einen Gefallen tun will, braucht man nur mit einer verrückten Idee anzukommen – je verrückter, desto besser. Und nochmals besser, wenn Spontaneität im Spiel ist. Rufen Sie also Ihren Widderliebling ruhig nachts um ein Uhr an, und sagen Sie ihm, daß

Sie gleich mit einer Flasche Champagner vorbeikommen, Sie hätten soviel Sehnsucht nach ihm! Oder überraschen Sie ihn nach Büroschluß mit einer Spritztour irgendwohin ins Blaue: Ihr Widder müßte schon in einer sehr schlechten Verfassung sein, wenn er ablehnte.
Womit Sie einem Widder ebenfalls immer Freude bereiten können, ist Musik. Ja, der stürmische, temperamentvolle, hektische, eckige Widder liebt harmonische Klänge, zu denen man träumen und schwelgen kann.
Zum Schluß noch ein Geheimnis, das Ihnen der Widder wahrscheinlich selbst nie verraten wird: Im Grunde seines Herzens ist jeder Widder vollkommen unsicher, ein Hasenfuß. Der Schatten seiner »Hoppla-jetzt-komm'-ich-der-tolle-Widder-Seite« ist ein verschrecktes Kind, das nicht richtig weiß, wo es hingehört. Sie machen einem Widder deswegen immer die größte Freude, wenn Sie ihn – und zwar gerade *ihn* – um einen Rat fragen. Das baut ihn auf. Das läßt ihn spüren, daß er »okay« ist in dieser Welt.

WIE GUT WIDDER ALLEIN SEIN KÖNNEN

Widdergeborene sind selten allein. Sie brauchen ein soziales Umfeld. Erst über andere finden sie richtig zu sich. In der Gruppe weiß der Widder, wer besser, schlechter oder gleich ist. Das verleiht Sicherheit. Das Alleinsein macht unsicher, man weiß nicht genau, was man tun muß, was und wer man ist. Zusammen mit anderen Menschen entsteht auch erst das richtige Lebensgefühl. Es ist wie bei einem Hundertmeterläufer. Es macht keinen Sinn, wenn er ohne Konkurrenten gegen die Zeit antritt. Es fehlt das Prickelnde, Spannende, Aufregende. Vergleichbar ist die Situation des Widders. Allein wirkt er wie ohne Lebenssaft, zusammen mit anderen wird es spannend, aufregend und lebendig.
Ich erachte es für Widdergeborene auch nicht als erstrebenswert, daß sie lernen, allein zu sein. Es ist einfach nicht ihr Metier. Der Widder gehört – im übertragenen Sinne – in eine Herde. Allein fühlt er sich ausgestoßen, isoliert. Auf der anderen Seite ist er natürlich auch der Pionier, der Abenteurer, der gern einmal abrückt von der Masse und seinen eigenen Kopf durchsetzen will. Aber derartige Phasen führen ihn immer wieder zurück zu den anderen: um sich bewundern zu las-

sen, prahlen zu können. Wochenlang oder gar für immer in der Einsamkeit leben? Nein, danke, nicht, wenn Sie ein Widder sind.

DER WIDDERMANN AUF DEM PRÜFSTAND

Der Widdermann ist der Sizilianer unter den zwölf Tierkreiszeichen; auch nach Jahrzehnten der Frauenbewegung wagt er es immer noch, den Chauvi abzugeben – cool, lässig, siegessicher und bei der geringsten Kleinigkeit hochexplosiv. Auch launisch und zänkisch wie eine Katze am Kolosseum kann er sein und – wieder ganz italienisch – sehr *mamma*fixiert, wenn ihn ein Wehwehchen plagt.

Der Widdermann kommt, sieht und siegt

Typischerweise rechnet er immer mit Widerspruch, auch wenn weit und breit kein Kontra in Sicht ist. Gelegentlich wirkt er daher wie ein Don Quichotte, der gegen Windmühlen kämpft. Wirklich stark machen ihn dagegen echte Herausforderungen. Und je größer sie sind, desto besser. Um so mehr kann er brillieren. Außerdem gehört er bei jedem Projekt an die Spitze. Verdonnert man ihn zu Routinetätigkeiten oder positioniert man ihn an einer nachgeordneten Stelle in einer festgefügten Hierarchie, wird der Widder zum Hammel, der jede Lust am Leben verloren hat. Mit einem Satz: Er verhält sich schon fast anachronistisch: der letzte »richtige« Mann!

»Ob blond, ob braun, ich liebe alle Frau'n ...« – der Widder ist und bleibt ein Aufreißer. Und Hand aufs Herz, seine Mischung aus naivem Imponiergehabe und coolem Feuer, seine Bereitschaft zu jedem Abenteuer küren ihn zum Champ beim Eroberungsspiel. Daß seine Talente nach Angriff und Sieg deutlich nachlassen, steht auf einem anderen Blatt. Kein Mann ist ein Allroundgenie!

Neben seinem unbestrittenen Können im Bett werden auch seine Fähigkeiten als Partner durchaus geschätzt. Natürlich nicht von solchen Frauen, die von einer ruhigen, idyllischen und friedlichen Zweierbeziehung träumen. An der Seite eines Widders ist *Action* angesagt. Mehrmals am Abend das Lokal zu wechseln, weil Küche und Service von allen guten Sternen, Kochmützen und -löffeln verlassen sind, kann zur Gewohnheit werden. Und TV-Genuß ohne Reue ist ebenso unwahrscheinlich wie ein Sechser im Lotto: Der Widder zappt sich hemmungslos durch die Programme, bis ihm tatsächlich Hören und Sehen vergeht. Doch was zählt schon ein vertaner Fernsehabend gegen das Liveprogramm eines Widders, das wie ein magisches Elixier einschläfernde Beziehungsroutine verjagt und jung und aufregend-lebendig hält?!

DIE WIDDERFRAU AUF DEM PRÜFSTAND

Im Grunde braucht man bei der Widderdame nichts Wesentliches hinzuzufügen. Sie ist ohnehin die männlichste Frau im ganzen Tierkreis und steht daher männlichen Widdern in kaum etwas nach. Natürlich zeigt sie nicht das gleiche Machogehabe. Aber auch sie geht davon aus, daß die Männer speziell für sie erschaffen wurden und alle zu haben sind.

In aller Regel hat sie in einer Partnerschaft »die Hosen an«. Eine Widderfrau wird sich kaum einen Mann aussuchen, der so dynamisch, stark, launisch und ichbezogen ist wie sie selbst; da nähme das Kämpfen ja kein Ende. Eher findet sie einen, der sich in ihrer Stärke sonnen und sich hinter ihr auch mal verstecken kann.
Allerdings wird in einer Beziehung mit einer Widderfrau auch der größte Softie lernen, ihr Paroli zu bieten. Sie läßt ihm nämlich keine andere Wahl, sie reizt, provoziert, droht, schmeichelt so lange, bis er irgendwann explodiert: Erst dann gibt sie sich zufrieden. Eine Beziehung mit ihr ist also eine harte Schule, nichts für Wischiwaschiknaben oder Möchtegerne: Man muß Farbe bekennen bei der Widderfrau. Und da eine Beziehung mit ihr so gar nicht nach dem Schema »starker Mann, schwache Frau« abläuft, sondern gerade eher umgekehrt, birgt sie noch jede Menge zusätzlichen Zündstoff.
Ihre Stärke ist damit auch der einzige Grund, warum es dann und wann doch auch Widderfrauen gibt, die allein leben: Männer haben Angst vor ihr und weichen ihr aus. Aber, wie gesagt, das ist höchst selten. Denn selbst in der feurigsten, powervollsten Widderamazone steckt eine schmuseweiche Frau.

UND SO KLAPPT'S MIT ALLEN ANDEREN

Im folgenden wird das Beziehungsspiel zwischen dem Widder und den zwölf möglichen Partnern des Tierkreises durchleuchtet. Dazu muß etwas Grundsätzliches gesagt werden: Es gibt keine Kombination, die unmöglich ist. Mit anderen Worten, wenn Sie ein Widder sind, können Sie mit allen, egal, ob Löwe, Waage oder Krebs. Allerdings verlangt jede Partnerschaft einen bestimmten Preis. Bei manchen Kombinationen heißt der Preis Ruhe oder Entspannung, bei anderen braucht man vielleicht mehr Zeit. Auch ist es von Fall zu Fall möglich, daß man mit einem bestimmten Partner in eine Krise gerät und dann etwas unternehmen muß, um die Krise gemeinsam zu bewältigen. Es gibt keine Kombination, die nur positiv ist. Es gibt allerdings solche, die bequemer sind als andere. Wer aber will entscheiden, ob Bequemlichkeit in jedem Fall ein erstrebenswertes Gut ist?

Widder UND WIDDER

Zwei Widder prallen normalerweise erst einmal mit ihren Hörnern aufeinander: ein klassisches Machtgerangel. Zugleich sind sie aber auch sehr stark miteinander verbunden, und irgendwann werden die Streitereien nicht mehr so wichtig sein. Es geht ohnehin nur um Nebensächlichkeiten. In der großen Linie stimmt man nämlich völlig überein. Problematisch könnte allerdings eine andere Widdereigenschaft sein: die geringe Beständigkeit, die sich nach Adam Riese bei zweien dieser Geschöpfe gleich verdoppelt. In der Regel ist daher diese Beziehung leidenschaftlich und tief, aber eben auch ziemlich kurz. Ausnahmen gibt es natürlich, aber dann stehen ganz bestimmt Mond und Aszendent in sehr unterschiedlichen Zeichen und verschaffen der Partnerschaft auf diese Weise eine größere Stabilität.

Widder UND STIER

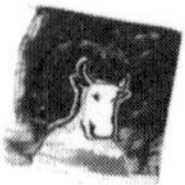

Beide haben Hörner und damit einen furchtbar sturen Schädel. Wenn es also zu Konflikten kommt, fliegen in dieser Beziehung die Fetzen. Keiner weicht auch nur einen Deut von seiner Meinung ab. In positiven Zeiten allerdings ist diese Beziehung einfach wundervoll. Der leidenschaftliche Widder findet beim Stier all das, wonach es ihn gelüstet: Erotik, Sinnlichkeit und schier unerschöpfliche Lust am Liebesspiel. Und der Widder verpaßt dem Stier die notwendigen Impulse, damit dieser nicht einschläft und besser in die Gänge kommt. Wovor sich der Stier allerdings hüten muß, ist, seinem geliebten Widder sämtliche Wünsche von den Augen abzulesen und zu versuchen, ihm ein bequemes und schönes Leben zu bieten. Das genau ist, was der Widder *nicht* braucht. Er will Fehler machen, Herausforderungen begegnen und sein eigenes Leben leben. Umgekehrt muß der Widder irgendwann auch das Ruhebedürfnis seines Stieres akzeptieren und kann nicht ununterbrochen auf ihn einpowern.

Widder UND ZWILLINGE

Die temperamentvollen, dynamischen und erotischen Widder erkennen in den Zwillingen herrliche Gespiel(inn)en, ihre(n) Seelenbruder bzw. -schwester, ihr Alter ego, mit dem sich das Leben wunderbar gemeinsam durchwandern läßt. Einzig und allein auf seiten der Zwillinge kommen Vorbehalte auf, denn sie fühlen sich häufig diesen selbstbewußten Menschen hoffnungslos unterlegen. Dann kommt alles darauf an, ob es dem Widderpartner gelingt, seinem charmanten Herzensbrecher das Gefühl zu geben, ein »richtiger« Mann bzw. eine »richtige« Frau zu sein.

Widder UND KREBS

Diese Beziehung steht unter Spannung, was auch darin zum Ausdruck kommt, daß der Widder dem Feuerelement zugerechnet wird und der Krebs zum Wasser zählt: Feuer und Wasser können jedoch schlecht nebeneinander existieren. Tatsächlich herrscht in vielen Beziehungen zwischen Krebs und Widder permanenter Krieg: Wer unterdrückt wen mehr? Wer lebt auf Kosten des anderen? Manche Paare schaffen es allerdings, ihre Spannungen positiv zu leben. Dann gewinnen beide Tierkreiszeichen etwas hinzu: Das Feuerzeichen Widder lernt die Welt der Gefühle kennen, erlangt Tiefe und seelische Einsicht. Das Wasserzeichen Krebs wiederum erhält vom Widder die Inspiration, die ihn aus seiner Selbstverstrickung und ewigen Nabelschau erlösen kann, und wird feuriger und lebendiger.

Widder UND LÖWE

Der Löwe ist eines der wenigen Tierkreiszeichen, denen sich der Widder unterordnen kann. Sicher kommt es trotzdem gelegentlich zu heftigstem Macht- und Rivalitätsgerangel, aber im großen und ganzen kriegen die zwei eine gemeinsame Liebe ganz gut geregelt, und dies, obwohl sie beide den Feuerzeichen angehören und man eigentlich erwarten würde, beide würden sich bis zum Gehtnichtmehr fetzen. Lust, Sinnlichkeit, Erotik, Genuß spielen in dieser Beziehung eine überaus wichtige Rolle. Ein wenig besteht sogar die Gefahr, daß diese Partnerschaft schnöden Alltagsproblemen gegenüber schlecht gerüstet ist, denn sie leben und lieben nun einmal lieber, als zu arbeiten. Auch beansprucht diese Partnerschaft ein bestimmtes Quantum an Luxus. Wird es eng, fehlt es an Geld und freier Zeit, verliert die Beziehung oft ihren strahlenden Glanz. Häufig ist es dann das erste Kind, das den beiden die Kraft verleiht, Alltag und Lust, Liebe und Pflicht miteinander zu verbinden.

Widder UND JUNGFRAU

Sie sind ein ungleiches Paar. Der Widder ist direkt, impulsiv, er läßt seinen Gefühlen und seinem Willen freien Lauf. Die Jungfrau hingegen ist kontrolliert und versucht stets, den Weg des geringsten Widerstands einzuschlagen. Mit ihnen treffen Gegensätze aufeinander, daher gehen sie sich in der Regel aus dem Weg. Trotzdem existieren Beziehungen zwischen diesen beiden Zeichen, und die meisten klappen ebensogut wie die der anderen Kombinationen auch. Im glücklichsten Fall entsteht sogar etwas Wunderschönes: Der Widder bekommt mehr Geduld und einen längeren Atem und ist damit in der Lage, seine Inspiration besser in die Tat umzusetzen, statt sie einfach verpuffen zu lassen. Die Jungfrau wiederum lernt, sich und ihren Impulsen mehr zu vertrauen, direkter und selbständiger zu werden. Sowohl im emotionalen wie im beruflichen Bereich können sich beide gegenseitig fördern und weiterbringen.

Widder UND WAAGE

Widder und Waage liegen sich im Tierkreis genau gegenüber: Man sagt, daß sich derartige Zeichenpositionen am meisten anziehen und abstoßen. Sie stoßen sich ab, weil sie vollkommen unterschiedlich sind. Die Waage ist *du*-orientiert, abwartend, geduldig, sie sucht Harmonie und Liebe – der Widder ist *ich*haft, expansiv, dynamisch, bevormundend und will vor allem Sex. Auf der anderen Seite aber ist ein spontaner Widder, der bei Entscheidungen nicht lange herumfackelt, für die Waage genau das, was sie sich im tiefsten Herzen ersehnt: endlich jemand, der ihr die quälenden Zweifel abnehmen kann! Andererseits findet der Widder in der Waage all das, was ihm fehlt: Geduld, Stimmigkeit, die Fähigkeit, in sich ruhen zu können, Entspannung. Es besteht also auch die größte Anziehung zwischen diesen beiden Menschen. Ob nun das eine oder das andere überwiegt, hängt von der Intensität der Liebesgefühle ab. Je größer, frischer und umfassender die Liebe ist, desto eher können die Gegensätze als fruchtbare Ergänzung des jeweils anderen toleriert werden.

Widder UND SKORPION

In dieser Beziehung begegnen sich zwei ungeheure Kraftbolzen und kolossale Machtmenschen. Beide sind leidenschaftlich, leben »aus dem Bauch heraus« und sind es nicht gewohnt, großartig Rücksicht auf andere zu nehmen. Für eine Liebesaffäre kann es daher kaum etwas Spannenderes geben als diese zwei Menschen, die aufeinandertreffen, sich reizen, erregen, in Ekstase versetzen und endlich in einem Orgasmus miteinander verschmelzen. Für eine Ehe oder eine eheähnliche Partnerschaft hingegen wird diese Kombination in der Regel sehr schnell zur Hölle; man vergißt jede Form der Kooperation und des gegenseitigen Mitgefühls und Respekts, quält und mißhandelt im schlimmsten Fall sogar einander. Eine derartige Beziehung braucht, wenn sie eine überwiegend positive Atmosphäre erschaffen will, unbedingt eine gemeinsame Herausforderung wie Kinder oder eine Tätigkeit, die beide dermaßen erfüllt, daß sie dann in den gemeinsam verbrachten Stunden zu erschöpft sind, um sich auch dann noch das Leben schwerzumachen.

Widder UND SCHÜTZE

Beide sind Feuerzeichen, beide sind temperamentvoll und leidenschaftlich. Wenn sie zusammenkommen, so verdoppeln sich das Feuer und ihre Leidenschaft: Man ist dem Himmel nah, fühlt sich verstanden, geliebt, erfüllt ... Feuerzeichen sind aber auch besonders unabhängige Geschöpfe, die sich ungern festlegen. Diese Eigenschaft verdoppelt sich natürlich ebenfalls. Von daher ist die Beständigkeit nicht sehr groß. Es gibt allerdings auch Ausnahmen. So kenne ich zum Beispiel einen Schützemann und eine Widderfrau, die seit über zwanzig Jahren zusammenleben, viele Dinge gemeinsam machen, besonders häufig miteinander verreisen, aber zwischendurch immer wieder ganz eigene Wege gehen: Er lebt dann für längere Zeit im Ausland, während sie ihren Geschäften im eigenen Land nachgeht.

Widder UND STEINBOCK

Meistens sind Widder und Steinbock mit sich selbst und ihren eigenen Zielen beschäftigt; es kommt daher selten zu einer längeren Partnerschaft. Außerdem beschleicht den Widder neben dem Steinbock ganz schnell das Gefühl, der andere wolle ihn kontrollieren. Der Steinbock wiederum erlebt den Widder als permanente Störung, als rotes Tuch, als einen, der sich den Gesetzen des Lebens und der Gemeinschaft nicht fügen will. Manchmal kommt es dennoch zu einer liebevollen und konstruktiven Beziehung. Das ist aber meistens dann der Fall, wenn sich die Aszendenten oder die Mondzeichen der beiden ergänzen.

Widder UND WASSERMANN

Beide sind ausgesprochen extravertierte Geschöpfe. Ein Zusammentreffen verdoppelt ihre Schubkraft und erlaubt Geniales, reizt zu Höhenflügen und kitzelt Exzesse hervor. Irgendwann allerdings ist der Honeymoon vorbei und der Saft raus. Dann trennen sich die meisten und suchen einen neuen Partner, mit dem es wieder genauso funkt und sprüht. Diejenigen, die zusammenbleiben, durchlaufen eine Phase der Angst: Liebt er/sie mich auch, wenn wir nicht auf Wolke sieben schweben? Mit der Zeit entsteht eine große Freundschaft und Seelenliebe, und man erklärt sich zu Mann und Frau, die zusammengehören – manchmal für immer!

Widder UND FISCHE

Widder und Fische liegen zwar im Tierkreis nebeneinander, aber trotzdem trennen diese beiden Tierkreiszeichen Welten. Mit dem Widder beginnt der Zodiakus, mit den Fischen endet er. Tatsächlich leben auch Widdermenschen mit dieser Grundstimmung, daß sie sich in dieser Welt behaupten müßten, daß es darum gehe, sich einzubringen, etwas zu erreichen, sich einen Namen zu machen. Fische hingegen sehen dies alles lässiger und distanzierter. In ihnen keimt auch ein Wissen darüber, daß dies alles, wofür sich der Widder abplagt und abstrampelt, für sie längst gegessen ist. In der Beziehung zwischen den beiden scheint der eine Partner in dieser Welt zu stehen, der andere außerhalb von ihr. Das ist einerseits natürlich ungeheuer reizvoll, beide betreten beim anderen Räume, die sie nicht kennen, sie werden so zu Grenzgängern zwischen zwei Welten. Aber die ganze Chose kann auch ungeheuer nervenaufreibend und im ungünstigen Fall regelrecht destruktiv sein.

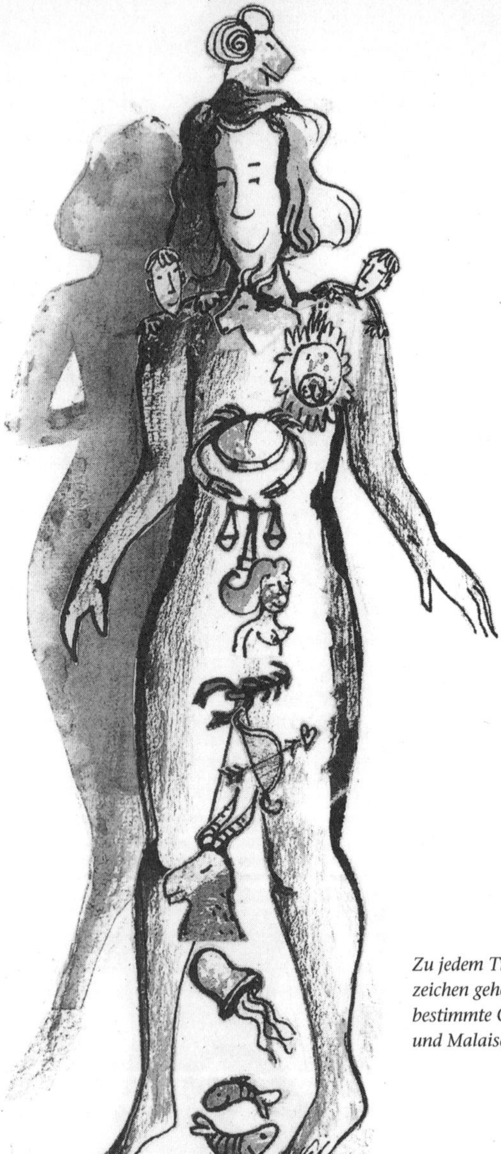

Zu jedem Tierkreiszeichen gehören bestimmte Organe und Malaisen

Gesundheit UND FITNESS

In der astrologischen Medizin ordnet man jedem Tierkreiszeichen andere Körperregionen, physiologische und psychologische Funktionsweisen und entsprechende Krankheitsdispositionen zu. Dies bedeutet, es bestehen verschiedene Neigungen zu unterschiedlichen Störungen und Erkrankungen; das heißt aber noch lange nicht, daß bei jedem Tierkreiszeichen auch tatsächlich die ihm im folgenden zugeordneten Krankheiten auftreten werden.

Körperliche Entsprechungen Kopf, Gehirn, Augen, Ohren, Mund, Zähne, Sexualorgane
Psychologische Entsprechungen Ichhaftigkeit, Direktheit, Spontaneität, Subjektivität, Aggressivität, Wille
Krankheitsdispositionen Gehörverlust, Kopfschmerzen, Kopfverletzungen, Kurzsichtigkeit, Migräne, Nervosität, Nierenproblematik, Schlafstörungen

TYPISCHE KRANKHEITEN DER WIDDER

Widder neigen zu den verschiedensten Beschwerden in Zusammenhang mit dem Kopf. Damit Sie die Logik, die hinter diesen Zuordnungen steckt, und die psychosomatischen Ursachen der Symptome besser kennenlernen können, seien hier einige wichtige und häufige Probleme von Widdern genannt.

Kopfschmerzen und Kopforientierung

Typische Widdermenschen sind stark kopforientiert, aber auch besonders kopflastig. Sie fühlen sich demgemäß an der Spitze, also am »Kopf«, am wohlsten. Wenn ihre natürlichen, im Geburtshoroskop ersichtlichen Anlagen nicht unterdrückt werden, leben sie denn auch ganz nach ihrem eigenen Willen. Und ihr Haupt tragen sie dabei in der Tat gern leicht nach vorn gestreckt, so als wollten sie sich wirklich ihren Weg mit dem Kopf voraus bahnen.

Die Folge dieser »Kopf-voraus-Strategie« sind häufige Verletzungen und Beschwerden am Kopf. Blickt ein typischer Widdermann auf seinen Lebensweg zurück, so kann er in aller Regel gleich auf mehrere Traumata in ebendieser Körperregion verweisen. Den Preis zahlt er für ein Dasein, das impulsiver, ereignisreicher und spannender als das der übrigen Vertreter des Tierkreises ist. Ein Widder, dem die ewige Rempelei und die ständigen Verletzungen zuviel werden, braucht sich nur ein wenig zu mäßigen. Aber er sollte wissen, daß er damit auch eine Portion authentischen Lebensgefühls von sich weist. Bei Widderfrauen sind solche Blessuren weniger häufig. Sie neigen eher zu Kopfschmerzen oder Migräne.

Besteht bei einem Widder zwischen Anspruch und Möglichkeit kein ausgeglichenes Verhältnis, dann steigt seine Energie in den Schädel, bleibt dort stecken und findet keine Möglichkeit, sich zu entladen. Genau das aber kann zu jenem fürchterlichen Kopfweh führen, unter dem Widder öfter leiden. Diese sogenannten Spannungskopfschmerzen sind diffus, also nicht eindeutig lokalisierbar, und können sich über Stunden, Tage oder sogar Wochen hinziehen. Es handelt sich dabei um einen erhöhten Spannungszustand der Gefäße, der mit Verspannungen der Kopfhaut, der Kopfmuskulatur sowie der Hals- und Nackenmuskeln einhergeht.

Diese Schmerzen verweisen immer auf übermäßigen Druck im Alltag. Sie treten in Prüfungs- oder ähnlichen Leistungssituationen auf. Sie begleiten Menschen, die sich mehr in ihren Kopf setzen, als sie verwirklichen können, und sie suchen regelrecht solche Zeitgenossen heim, die ehrgeizig ohne Ende sind. Sie können fast immer als Zeichen dafür aufgefaßt werden, daß der betroffene Mensch seine ganze Energie in sein Oberstübchen verlagert hat.

Kopfweh und Migräne – in den Schädel verlagerte Sexualität

Aber auch die Sexualität ist mit dem Kopf verbunden. Sexuelle Erregung geschieht primär unwillkürlich und beinahe reflexartig. So wurde in einem Test etwa die Pupillengröße von weiblichen und männlichen Versuchspersonen beim Betrachten nackter Menschen gemessen. Auch bei denjenigen Probanden, die im Brustton der Überzeugung vorgaben, in gar keiner Weise von den Bildern erregt worden zu sein, hatten sich die Pupillen signifikant vergrößert. Wenn es um Sexualität geht, sind wir Menschen eben mehr denn je ein Teil der Natur und unserer animalischen Abstammung näher, als uns vielleicht manchmal lieb ist. Sicher vermögen wir unsere Sexualität im Normalfall besser zu kontrollieren als andere Spezies, aber wir können sie nicht beliebig ein- und ausschalten.

Sexualität hat in besonderer Weise mit den Kräften des Widderzeichens und dem vom Widder regierten Kopf zu tun. Denn die Sexualität wird über das Hormonsystem von tieferen Schichten des Gehirns gesteuert, nämlich vom Hypothalamus. Sexualität ist Spannung, die sich aufbaut und schließlich im Orgasmus wieder lösen kann. Wird die Spannungsentladung durch Blockaden permanent unterbunden, dann kann die sexuelle Energie nicht an die dafür vorgesehenen Organe übertragen werden, sondern bleibt im Kopf stecken.

Migräne (Hemikranie) ist ein anfallartig auftretender halbseitiger Kopfschmerz, bei dem die Hirngefäße sich nach einer einleitenden verengenden Phase stark ausdehnen und dann erschlaffen. Aus Sicht der medizinischen Astrologie hat sich bei der Migräne etwas fälschlicherweise in den Kopf verlagert, was sich eigentlich im ganzen Körper abspielen müßte. Beispielsweise kann Migräne die Folge unterdrückter Sexualität sein, denn der Verlauf dieser Symptomatik (Verengung–Ausdehnung–Erschlaffung) hat eine deutliche Analogie zum sexuellen Geschehen.

Was kann einen Menschen dazu veranlassen, Sexualität als ein natürliches Geschehen des ganzen Körpers in den Kopf zu verlagern? Die Antwort lautet: eine starke sexuelle Veranlagung, auf die mit einer unnatürlichen Erziehung reagiert wurde! Widder zeigen als Kinder ein ausgeprägtes, aber völlig natürliches Sexualverhalten. Sie erkunden intensiver als andere Kinder ihre Geschlechtsorgane, und sie stellen früher entsprechende Fragen. Wird diese gesunde kindliche Neugierde falsch aufgegriffen oder unterdrückt, »lernt« das heranwachsende Kind, Sexualität sei etwas Unnatürliches, und sucht nach Auswegen. Bei einem Widder, der ohnehin gern alles in seinem Kopf lebt, kann ein Ausweg der Migräneanfall sein. Das heißt nicht, daß Migränepatienten dazu neigen, ihre Sexualität stärker zu unterdrücken als andere, sondern es bedeutet eher, daß sie sich einer stärkeren Sexualität ausgesetzt fühlen.

Unterdrückte Aggression preßt den Schädel

Der herrschende Planet des Widderzeichens ist Mars. Seit alters wird er mit Streit, Zwietracht und kriegerischen Auseinandersetzungen in Verbindung gebracht. Seine beiden Monde heißen »Phobos« und »Deimos«, was auf deutsch »Angst« und »Schrecken« bedeutet. Entsprechend untersteht dem Widder als Hauszeichen des Planeten Mars die menschliche Aggressivität.

Allerdings sind damit nicht nur die destruktiven, sondern sämtliche, also auch die konstruktiven Formen der Expansion gemeint. Im Grunde beginnt nämlich schon das Leben selbst mit einer »Aggression«, denn das Neugeborene muß sich mit aller Gewalt – und in der Regel mit dem Kopf voraus – durch den Geburtskanal zwängen. Im Lauf seines weiteren Lebens wird der Mensch immer wieder Hindernisse überwinden und sich behaupten müssen. Je öfter und intensiver jemand bei solcherart natürlicher Expansion Behinderungen oder Einschränkungen erfährt, um so aggressiver wird er werden. Kann dann auch dieser Kraftstrom nicht fließen, so sucht sich die unterdrückte Seele schließlich den Körper als Bühne, um über Krankheitssymptome wie etwa Kopfschmerzen auf ihre Malaise aufmerksam zu machen.

Wenn Sie häufig unter Kopfweh oder Migräne leiden, sollten Sie sich ehrlich und konsequent mit folgenden Fragen auseinandersetzen:

- Nehme ich mir mehr vor, als ich verwirklichen kann?
- Worüber zerbreche ich mir den Kopf?
- Steht meine Aufmerksamkeit dem Kopf gegenüber in einem ausgewogenen Verhältnis zur Aufmerksamkeit gegenüber den übrigen Körperteilen?
- Habe ich zu hohe Ansprüche?
- Wie ist mein Verhältnis zur Sexualität?
- Lebe ich meine Sexualität?
- Spüre ich meine Aggressionen, und stehe ich auch zu ihnen?

WIE WIDDER GESUND BLEIBEN

Zuallererst ist es wichtig, daß der Widder seiner natürlichen Bestimmung folgt und zum Kopf oder zur Spitze drängt. Das bedeutet in gar keiner Weise, er solle sich einem übermäßigen Ehrgeiz unterwer-

Mars, der Powerplanet, ist der herrschende Planet aller Widdergeborenen und verleiht ihnen Fitneß und Kraft

fen und müsse überall und immer der Erste und Beste sein. Das würde seiner Gesundheit bestimmt auf Dauer schaden. Aber er sollte sich zu seiner Neigung bekennen, initiativ, feurig und vorantreibend zu sein. Widdermenschen stehen Tantalusqualen aus, wenn ihr Leben ohne jegliche Dynamik und Spannung verläuft. Zu einem »richtigen Widderleben« gehört sogar immer auch ein gerüttelt Maß an Dramatik.

Den Kopf hergeben

Diese Übung ist nicht nur für Widder als prophylaktische wie als therapeutische Maßnahme hervorragend geeignet. Sie verschafft auch Vertretern der anderen Tierkreiszeichen einen ausgesprochenen Genuß.

Übung: Partner A legt sich auf den Rücken, während Partner B sich hinter den Kopf von A setzt. B schiebt seitlich sehr behutsam seine beiden Hände unter das Haupt von A, bis sich die Fingerspitzen berühren. Dann hebt B ganz langsam den Kopf von A und beginnt, ihn sachte hin und her zu wiegen. Dabei ist es sehr wichtig, daß B wirklich so respektvoll vorgeht, wie es der Kopf als »Krönung des Menschen« verdient. Nach zehn bis fünfzehn Minuten legt man den Kopf wieder sachte auf den Boden.

Aggressiv sein

Hier noch eine Übung für den »Hausgebrauch«, die bei Spannungskopfschmerzen hilft. Sie wird allerdings nicht in jeder Wohnsituation ohne eine Belästigung der Nachbarn durchgeführt werden können ...

Übung: Man legt eine dicke Decke auf den Boden, stellt sich darauf, macht Fäuste und beginnt, so fest wie möglich mit den Füßen auf der Decke zu stampfen. Dabei knurrt oder zischt man immer wieder: »Nein, nein, nein!« Falls Sie allein wohnen, können Sie auch ganz laut schreien. Diese Übung wurde Kindern »abgeschaut«. Kinder schützen sich nämlich noch auf eine völlig natürliche Art und Weise vor Spannungen und damit auch vor Kopfschmerzen.

DIE APOTHEKE DER NATUR

Im April, noch ehe die blauen Märzenveilchen Knöpfe gewinnen, grabe man die Stöcke aus und schneide das Kraut von der Wurzel. Die Wurzel dörre man im Schatten und hebe sie auf. Eine Abkochung davon ist bei Hautausschlägen, die eine »feurige« (Yang-)Ursache haben, gut zu verwenden. Des weiteren blühen in diesem Monat Brunnenkresse, Eiche, Enzian, Huflattich, isländisches Moos, Kalmus, Klette, Löffelkraut, Rosmarin, Zinnkraut und Schlüsselblume. Viele dieser Pflanzen, wie das isländische Moos, die Klette, das Löffelkraut und die Schlüsselblume (besonders geeignet gegen Kopfschmerzen), sind alte Heilmittel zur Stärkung der Widerstandskraft und des inneren Feuers und damit ausgesprochene Widderpflanzen.

DIE RICHTIGE DIÄT FÜR WIDDER

Wie alles andere auch muß eine Diät, die ein Widder durchzieht, neu und irgendwie »fetzig« sein. Man braucht ihm also nicht mit einer »Alte-Semmel-«, »Trauben-« oder »Müslikost« zu kommen, sondern der letzte Schrei aus den USA, zum Beispiel eine »Grapefruit-Olivenöl-Diät«, ist gerade richtig – oder »Weight-Watchers«, eine Maßnahme, die dem Widder deswegen Spaß machen könnte, weil er dabei ständig auf die Waage starren kann.

Klar ist auch, eine Diät muß schnell gehen und rasch sichtbare Erfolge zeitigen; denn der Widder ist ungeduldig. Und jetzt sind wir meines Erachtens beim springenden Punkt: Widder essen zu schnell, und sie bevorzugen, weil das am flottesten geht, Fast food aus dem Schnellimbiß. Ich halte daher ein generell sorgfältiges und bewußtes Essen wichtiger als jede Diät.

Essen Sie jeden Monat mindestens eine Woche lang gesund und sehr bewußt; das heißt, kauen Sie lange, und konzentrieren Sie sich auf die Mahlzeit – also lesen Sie zum Beispiel nebenbei keine Zeitung. Am wirkungsvollsten ist eine derartige Maßnahme, wenn Sie sie die letzten sieben Tage vor dem Neumond durchführen. Denn dann unterstützt Sie auch der Mond beim Pfundeverlieren.

Beruf UND KARRIERE

DER ABENTEURER

Ich kenne einen Widder, der mich seit mehreren Jahren immer wieder aufsucht, um – wie er es nennt – »sich zu orientieren, wie es weitergeht ...«. Er heißt Hans, und in gewisser Weise ist sein beruflicher Werdegang typisch für einen Widder.

Hans hat das Abitur und wollte eigentlich Künstler werden. Der Wunsch, einen kreativen Beruf zu ergreifen, ist beim Widder stark, und man findet bei unter diesem Tierkreiszeichen Geborenen viele geniale Maler wie beispielsweise van Gogh, Goya oder Kubin. Alle typischen Widder haben Geschmack und begeistern sich für Malerei, Bildhauerei oder Musik. Sie leisten Großes in der Werbung, bei der Aufbereitung und Präsentation. Wenn Widder eine Idee entwickeln, ein Bild entwerfen oder einer Komposition nachspüren, sind sie mit der Quelle ihrer Inspiration verbunden, was sie tief befriedigt und glücklich macht.

Hans konnte seine Eltern allerdings nicht davon überzeugen, ihm ein reines Kunststudium zu finanzieren. Sie bestanden vielmehr darauf, daß ihr Filius Lehrer würde – immerhin jedoch mit Kunst als Hauptfach. Im Alter von 25 Jahren war Hans dann Kunsterzieher an einem Gymnasium, doch bereits zwei Jahre später hatte er sich wegen seiner direkten und unverblümten Art mit dem gesamten Lehrerkollegium verkracht.

Für einen Widder ist es schwer, sich unterzuordnen, insbesondere wenn die hierarchischen Strukturen verkrustet oder willkürlich sind. Ich habe in meiner Praxis immer wieder mit Widdern zu tun, die mit ihrem Chef oder ihren Kollegen nicht zurechtkommen. Auf die Dauer braucht ein Widder auch dringend Führungsaufgaben. Er kann nicht ohne Probleme in einer Position verhaftet bleiben, in der ihn andere bevormunden oder sogar gängeln.

Hans kündigte und begann eine Ausbildung zum Kunsttherapeuten. Mit dieser Ausbildung hoffte er eine eigene Praxis eröffnen und somit einst selbständig sein zu können. Da die Klienten jedoch zunächst erst einmal ausblieben, nahm er eine feste Stellung als Kunstlehrer in einer Waldorfschule an. Aber auch hier prallte er infolge seines Tempe-

raments sehr schnell mit den meisten Kollegen zusammen. Er zog es daher nach einem Jahr vor, wieder zu kündigen.
Dann starb sein Vater und hinterließ ihm ein umfangreiches Erbe, mit dem er nach Belieben schalten und walten konnte. Zunächst stieg er in eine Gemeinschaftspraxis ein, investierte dort viel Geld – und zog sich nach einem Jahr wieder aus dem Unternehmen zurück. Als nächstes plante er ein alternatives Kunstzentrum in Italien. Er fand andere Interessenten, und man kaufte gemeinsam ein Grundstück in der Toskana. Solange die Planung lief, war Hans mit Leib und Seele dabei. Als man aber allmählich dazu überging, die Häuser auch zu bewohnen, hatte er widdertypisch das Interesse an dem Ganzen verloren und stieg aus dem Projekt wieder aus.
Sein nächstes Vorhaben war dann ein alternatives Wohnmodell in einem Schloß bei Salzburg, und es folgte eine Therapeutenkolonie in Südfrankreich. Im Moment befindet er sich in den Vereinigten Staaten, denn dort soll wiederum ein völlig neuartiges Gemeinschaftsprojekt entstehen.
Auch bei einer Frau konnte ich diesen für Widder typischen Zickzackweg bei der Berufsfindung beobachten. Seit unserer ersten Begegnung vor über zehn Jahren hat sie nicht nur achtmal die Stelle gewechselt, sondern dabei auch gleich dreimal einen neuen Beruf begonnen: Zuerst war sie Sozialarbeiterin, dann Heilpraktikerin, und heute ist sie in der Immobilienbranche tätig – und da wird sie bestimmt auch nicht alt.
Widder sind immer Feuer und Flamme, wenn ein neues Projekt ansteht. Egal, ob es eine Arbeitsstelle, eine Praxis, eine Wohnung, ein Auto, eine Freundschaft ist, immer stürzen sie sich zunächst mit all ihrem Elan hinein und stellen in kürzester Zeit etwas Großartiges auf die Beine. Aber nach einiger Zeit erlahmt ihr Schwung. Am Anfang, solange es ums Planen und Initiieren geht, lodern sie vor Begeisterung, aber sie verlieren die Lust, sobald die Angelegenheit geregelt ist und die Routine beginnt.
Es handelt sich dabei um einen regelrechten Pioniergeist, der Widdergeborenen im Blut liegt. Wenn sie es sich leisten könnten, würden sie alle ständig nur ihren Ideen nachhängen und nach der Realisation wieder die Lust an ihnen verlieren. In Widdern schlummert der Abenteurer und Unternehmer, der sich nicht von Sicherheit und Wohlstand, sondern von der Kraft des Moments, dem Reiz der Herausforderung lenken läßt.

Der Tierkreis steht symbolisch für sämtliche Belange des Lebens

Es gibt Widdergeborene, die einer langweiligen Tätigkeit nachgehen. Aber sie rasen jeden Morgen zu ihrem Job, kämpfen gegen den Stau und die Konkurrenten an der Ampel. Andere leben ihre Widderseite grundsätzlich in Auseinandersetzungen mit ihren Kollegen aus. Drittens gibt es noch die weniger empfehlenswerte Möglichkeit, in der Familie, also auf Kosten des Partners und der Kinder, sein Widdernaturell zu realisieren, und viertens existieren unzählige Widdersportarten und Hobbys wie Bungeespringen, Drachenfliegen, Rafting oder Radrennen.

Das alles sind mehr oder weniger probate Ventile, und als solche muß man sie wohl als für Widder geeigneter denn 24 Stunden braves Händefalten betrachten. Viel besser aber ist ein Beruf, der dem Widderpotential gerecht wird, in dem Abwechslung, Herausforderung, die Chance auf leistungsbezogenes Weiterkommen und Dynamik im Vordergrund stehen. Der Inhalt oder das Sujet der Arbeit sind dabei fast sekundär, Hauptsache, das Atmosphärische, der Rahmen und die Struktur stimmen.

DIE GEBORENEN MACHER

In meinem Astroarchiv sind 40 000 Menschen erfaßt. Mit Hilfe eines Suchsystems kann ich diesen Datenpool durchforsten. Gebe ich die Kriterien »Widder« und »Manager« ein, so spuckt der Computer über 400 Namen aus. Wiederhole ich die gleiche Prozedur mit »Manager« und »Stier« oder mit irgendeinem anderen Tierkreiszeichen, erhalte ich deutlich weniger Namen.

Dies liegt daran, daß Widdergeborenen das Tätigkeitsfeld eines Managers buchstäblich auf den Leib geschrieben ist. Oder anders gesagt: Ein Manager darf das, wovon ein Widder träumt, und bekommt dafür auch noch Geld – in aller Regel viel Geld: Er jettet durch die Welt, er entwickelt Projekte, stampft neue Unternehmen aus dem Boden – und er hält sich nirgends zu lange auf, sondern überläßt die lästige Kleinarbeit den anderen. Ein erfolgreicher Manager lebt darüber hinaus immer in einer Art »Kriegszustand«: Die Konkurrenz schläft niemals und nirgends, »Vorsprung« ist somit eines der wichtigsten Worte in seinem Vokabular.

Ich kenne zum Beispiel zwei Widdermanager, eine Frau und einen Mann. Die Frau ist Managementberaterin. Sie arbeitet mit großen Unternehmen zusammen, berät sie bei firmeninternen Konflikten, aber auch bei der Personalplanung, und sie führt Schulungen durch. Sie sagt von sich selbst, daß ihr Leben ein Kampf sei: »Wenn ich nicht schneller bin als alle anderen, bin ich meinen Kunden los. Aber genau das mag ich an meiner Arbeit!« Der männliche Widder ist Inhaber einer Firma, die Computerbücher herstellt und vertreibt. Er spürt die Konkurrenz fast noch stärker. Manchmal muß ein Buch, das eine bestimmte Software erklärt, innerhalb weniger Tage geschrieben, gedruckt und ausgeliefert werden. Dann arbeiten er und seine Mannschaft Tag und Nacht durch. »Ein derartiger Marathon«, sagt er, »ist mir lieber als sture Arbeitsroutine.«

Was können Widder noch? Natürlich arbeiten sie überall dort gern, wo es um Tempo und Gefahren geht: als Notarzt, Rettungswagenfahrer, Testfahrer, Detektiv, Polizist oder Feuerwehrmann. Ich habe allerdings Widdergeborene auch immer wieder an Arbeitsstellen angetroffen, die beim ersten Blick überhaupt nichts mit Risiko oder Gefahr zu tun haben.

Ich denke dabei etwa an einen Rechtsanwalt. Er kam zu mir in eine astrologische Sitzung. Obwohl mir sein Beruf nicht bekannt war, sagte ich ihm, als das Gespräch darauf kam, ich sähe in seinem Horoskop, daß er wohl eine Tätigkeit ausübe, bei der es schon fast um Leben und Tod gehe: »Vielleicht sind Sie Notarzt«, mutmaßte ich. »Nein, nein, weit gefehlt«, antwortete er, »ich bin Rechtsanwalt. Aber Sie haben in gewisser Weise dennoch recht, da ich auf Strafrecht spezialisiert bin. Über meine Klienten habe ich manchmal tatsächlich mit Leben und Tod zu tun, zum Beispiel verteidigte ich kürzlich einen vermeintlichen Mörder.«

Widder werden auch ausgezeichnete Mediziner, besonders Chirurgen und Zahnärzte. Die Berufswahl Zahnarzt ist sogar statistisch gesichert. Auch zum Lehrerberuf fühlen sich Widder stark hingezogen. Kindern gegenüber kann ihre spontane Art vorteilhaft zur Geltung kommen. Als Sozialarbeiter sind sie besonders gut, wenn sie mit Jugendlichen arbeiten können. Ich kenne zwei erfolgreiche Streetworker in München. Das sind Sozialarbeiter, die Jugendliche – meistens Drogenabhängige – auf der Straße betreuen. Beide sind Widdergeborene.

Darüber hinaus ist noch zu erwähnen, daß Widder auch ausgezeichnete Handwerker werden können. Vor allem in der metallverarbeitenden Branche oder in der Autoindustrie trifft man unzählige erfolgreiche Widder. Ich kenne beispielsweise zwei Vertreter dieses impulsiven Tierkreiszeichens, die zusammen eine Tankstelle führen. Ihre Spezialität – wie könnte es für das Widderduo anders sein – ist das Tunen, also das Schnellermachen von Autos.

Zusammenfassend möchte ich nochmals betonen, wie wichtig für einen Widder Dynamik, Herausforderung und Abwechslung sind. Von ihm, dem temperamentvollen Geschöpf des Frühlings, zu erwarten, sein Lebtag immer wieder den ewig gleichen Handgriff zu tun, wäre mehr als eine Zumutung. Er will initiieren, den Ton angeben, führen. Entweder wird er selbständig, oder er braucht einen Arbeitsplatz, an dem seine Initiative belohnt wird und er verdientermaßen aufsteigen kann.

Ich glaube, daß die neue Zeit Widdergeborenen entgegenkommen wird. In der Weise, wie feste Dauer- und Lebensstellungen immer seltener werden und statt dessen Mobilität und Flexibilität beinah zum wichtigsten Einstellungskriterium avanciert sind, befinden sich Widdergeborene in ihrem Element und werden entsprechend reüssieren.

DAS ARBEITSUMFELD UND DIE BERUFE DER WIDDER

Wo arbeiten Widder am liebsten?

Widder betätigen sich mit Vorliebe in einem Umfeld, in dem es um Initiative, Herausforderung und Führung geht, in dem konstruiert und gebaut wird und künstlerisches Schaffen wichtig ist. Und da, wo es um Selbstdarstellung geht, wo Feuer und Hitze wichtig sind und es auf Führung sowie Initiative ankommt, fühlen sie sich zu Hause. Widder arbeiten gern dort, wo repräsentiert wird, wo Ästhetik und Einfälle vermarktet werden und Engagement wichtig ist. Gefahren und Risiken gehören für sie ebenfalls zu einem attraktiven beruflichen Umfeld. Wenn es um Erziehung geht und Probleme aufgearbeitet werden müssen, sind sie ebenso interessiert. Und sie sind mit Leib und Seele dabei, wenn Interessen durchgesetzt werden, geforscht, geheilt und geholfen wird sowie wenn Not am Mann ist.

Berufe der Widder

A/B (Angestellter/Beamter) Bundesanstalt für Flugsicherung, A/B Bundeswehrverwaltung, A/B Deutsches Patentamt, A/B Kriminalpolizei, A/B Polizei, Apotheker, Arzthelferin, Astronom, Astrophysiker, Berufsschullehrer, Bildingenieur, Biochemiker, Blumenbinder, Bodenpersonal bei Fluggesellschaften, Buchhändler, Chemielaborant, Chemiker, chemisch-technischer Assistent, Diakon, Dipl.-Ing. Elektrotechnik, Dipl.-Ing. in der Entwicklung, Dipl.-Ing. in der Konstruktion, Dipl.-Ing. in der Metallbranche, Dipl.-Ing. in Verfahrenstechnik, Dipl.-Ing. Vermessungswesen, Diplompsychologe, Diplominformatiker, Diplomkaufmann, Diplomphysiker, Diplomsozialarbeiter, Diplomsportlehrer, Dolmetscher, Elektroniktechniker, Elektrotechniker, Energiemanager, Entwicklungshelfer,

Ethnologe, Facharzt für Chirurgie, Fachlehrer, Flugbegleiter, Gartenbauarchitekt, Gärtner, Gentechniker, Geograph, Geophysiker, Gewerkschaftsfunktionär, Grund- und Hauptschullehrer, Heilpädagoge, Hochschullehrer, Industriedesigner, Innenarchitekt, Journalist, Jurist, Kernphysiker, Krankengymnast, Krankenpflegehelfer, Krankenpfleger, Krankenschwester, Kultur- bzw. Medienmanager, Kunsterzieher, Kunsthistoriker, Landwirt, landwirtschaftlich-technischer Assistent, Lebensmittelchemiker, Lektor, Masseur, mathematisch-technischer Assistent, medizinisch-technische Assistentin (MTA), Mikrobiologe, Musikerzieher, Ökomanager, Philosoph, Pilot, Politiker, Politologe, Privatdozent, Redakteur, Rektor, Religionswissenschaftler, Reporter, Richter, Schauspieler, Schriftsteller, Seminarleiter, Sozialwissenschaftler, Sportlehrer im freien Beruf, Sportmanager, Sprachwissenschaftler, Staatsanwalt, Steward, Tanzlehrer, Techniker in der Entwicklung, Techniker in der Fertigungstechnik, Theaterwissenschaftler, Theologe, Tierarzt, Tourismusmanager, veterinärmedizinische Assistentin, Werbekaufmann, Wirtschaftsjurist, Zahnarzt, Zahnarzthelferin, Zukunftsforscher.

Test:

WIE »WIDDERHAFT« SIND SIE EIGENTLICH?

Mit Hilfe des folgenden Tests können Sie in Erfahrung bringen, wie typisch Sie für Ihr Tierkreiszeichen sind. Gehen Sie dabei so vor: Kreuzen Sie die Zahl an, wenn Sie die jeweilige Frage mit Ja beantworten. Falls Sie also gern Testfahrer wären, würden Sie die Zahl 1 ankreuzen. Wenn nicht, würden Sie dies nicht tun.

	+		–
Wären Sie gern Testfahrer?		1	
Sind Sie ein Mensch, der gern Geld zurücklegt?		2	
Verstehen Sie etwas von Kunst?		3	
Sind Sie gern unter Menschen?		4	
Können Sie sich vorstellen, Politik zu machen?		5	
Können Sie gut anschaffen?		6	
Möchten Sie an einer Grenze stehen und Personen kontrollieren?		7	
Möchten Sie Babys in einem Krankenhaus betreuen?		8	
Möchten Sie Tierpräparate herstellen?		9	
Ist es Ihnen egal, was Sie arbeiten, Hauptsache, das Geld stimmt?		10	
Ordnen Sie sich leicht unter?		11	
Haben Sie Geduld?		12	
Möchten Sie Prüflingen Noten geben?		13	
Möchten Sie auf dem Lande leben und arbeiten?		14	
Stehen Sie gern in der Öffentlichkeit?		15	
Möchten Sie Falschparkern einen Strafzettel geben?		16	
Möchten Sie an einer Diät als Testperson mitmachen?		17	
Möchten Sie Gehälter abrechnen?		18	
Ist es Ihnen wichtig, anderen zu imponieren?		19	
Arbeiten Sie gern im Team?		20	
Könnten Sie von der Hand in den Mund leben?		21	
Interessieren Sie sich für Mode?		22	
Mögen Sie Risiko?		23	
Führen Sie gern technische Berechnungen durch?		24	
Wären Sie gern Entdeckungsreisender?		25	
Mögen Sie Veränderungen?		26	

	+		–
Möchten Sie auf einer Bühne stehen?		27	
Können Sie gut allein sein?		28	
Können Sie leicht auf die Tageszeitung verzichten?		29	
Möchten Sie gern Jugendliche betreuen?		30	
Halten Sie Gefühle für wichtiger als den Verstand?		31	
Können Sie leicht aus sich herausgehen?		32	
Liegt Ihnen das Wohlergehen anderer am Herzen?		33	
Sind Sie gern Gastgeber?		34	
Betreuen Sie gern Kranke?		35	
Wären Sie gern Lehrer?		36	
Sind Sie ein beständiger Mensch?		37	
Gehen Sie gern und häufig aus?		38	
Möchten Sie Menschen beraten?		39	
Möchten Sie Schaufenster dekorieren?		40	
Möchten Sie gefährliche Chemikalien transportieren?		41	
Würden Sie gern an einem Bankschalter stehen?		42	
Treiben Sie gern Sport?		43	
Würden Sie gern als Diskjockey arbeiten?		44	
Wären Sie gern Astronaut?		45	
Können Sie sich vorstellen, im Ausland zu arbeiten?		46	
Möchten Sie gern Reporter sein?		47	
Stellen Sie sich gern an die Spitze?		48	
Wären Sie gern Fotomodell?		49	
Können Sie leicht bei einer Sache bleiben?		50	

Summe: ______________

Auswertung

Schreiben Sie immer dann ein Plus (+) links neben die Zahl, wenn Sie die Nummern **1, 3, 5, 6, 19, 21, 23, 25, 26, 30, 32, 38, 41, 43, 44, 45, 48** angekreuzt haben (maximal siebzehnmal ein Plus).
Tragen Sie immer ein Minus (–) rechts neben die Zahl, wenn Sie die Nummern **2, 9, 11, 12, 18, 24, 28, 37, 42, 50** angekreuzt haben (maximal zehnmal ein Minus).
Ziehen Sie die Anzahl der notierten Minuszeichen von der Anzahl der Pluszeichen ab. Die Differenz ist Ihr Testergebnis.

Saturn nimmt Maß und setzt Grenzen

Interpretation

Ihr Testergebnis beträgt 10 oder mehr Punkte: Sie sind ein hundertprozentiger Widder. Alles, was in diesem Buch über die Natur des Widders gesagt wurde, trifft auf Sie zu. Sie sind exzentrisch, schöpferisch, dynamisch, feurig, ordnen sich schwer unter und arbeiten am liebsten an der Spitze. Ihre Gefühle sind unmittelbar, Sie wollen Direktheit und Klarheit und brauchen immer wieder Veränderung. Routine wirkt auf Sie wie ein Schlafmittel.

Ihr Testergebnis liegt zwischen 5 und 9 Punkten: Bei Ihnen ist das Widdernaturell gedämpft. Wahrscheinlich haben Sie einen Aszendenten, der die Qualität Ihrer Widderpersönlichkeit in einer anderen Weise beeinflußt. Oder Ihr Mond hat diese Wirkung. Für Sie ist es daher interessant, die Stellung Ihres Mondes und Ihren Aszendenten im zweiten Teil dieses Buches kennenzulernen. Es kann aber auch sein, daß Sie durch frühere Erfahrungen dazu veranlaßt wurden, Ihr Widdernaturell abzulehnen. Dann ist es besonders wichtig, daß Sie sich damit wieder anfreunden und es mehr zulassen.

Ihr Testergebnis beträgt weniger als 4 Punkte: Sie sind ein untypischer Widder. Wahrscheinlich haben Sie einen Aszendenten, der sich völlig anders als das Widderprinzip deuten läßt, oder Ihr Mond steht in einem solchen Zeichen. Es wird sehr spannend für Sie sein, dies im zweiten Teil des Buches herauszufinden. Sie haben es aber im Lauf Ihres Lebens womöglich auch für nötig befunden, Ihre Widderseite abzulehnen und zu verdrängen. Es ist daher Ihre Aufgabe, sich mit diesem Teil Ihrer Persönlichkeit wieder anzufreunden: Sie sind ein Geschöpf des Feuers, das von seinem Naturell her dafür geschaffen ist, impulsiv und drängend zu sein, andere zu begeistern und mitzureißen.

Teil II IHRE INDIVIDUALITÄT

Der Aszendent und die Stellung von Mond, Merkur & Co. –

VORBEMERKUNG

In Teil I wurde erläutert, warum der Widder Ihr »Sternzeichen« ist, nämlich weil die Sonne zum Zeitpunkt Ihrer Geburt in diesem Abschnitt des Tierkreises stand. Nun gibt es in unserem Sonnensystem bekanntlich noch andere Himmelskörper, von denen der Erdtrabant Mond und die Planeten für die Astrologie bedeutsam sind. Sie alle haben ebenfalls entsprechend ihrer Stellung bei einer Geburt eine spezifische Aussagekraft. Obendrein spielen auch noch der Aszendent, die astrologischen Häuser und weitere Faktoren eine Rolle. Alles zusammen ergibt ein Horoskop.

Dieses Wort hat seine Wurzeln im Griechischen und heißt soviel wie »Stundenschau«, weil ein Horoskop auf die Geburtsstunde (eigentlich Geburtsminute) genau erstellt wird. Es ist also eine – in Zeichen und Symbole übersetzte – Aufnahme der astrologischen Gestirnskonstellationen zum Zeitpunkt einer Geburt. Es spiegelt die vollständige Persönlichkeit eines Menschen wider.

Im folgenden werden die neben der Sonne wichtigsten Größen eines Horoskops gedeutet: Aszendent, Mond, Merkur, Venus, Mars, Jupiter und Saturn. Sie können mit Hilfe des Geburtstags und der Geburtszeit ihre Position im Tierkreis ermitteln und dann die jeweilige Bedeutung kennenlernen. Die Interpretation dieser Horoskopfaktoren ist manchmal vom Sonnenzeichen des oder der Betreffenden abhängig, im großen und ganzen jedoch nicht. Wenn Sie also zum Beispiel ein Stier wären, dessen Mond im Widder stünde, müßte diese Mondstellung genauso gedeutet werden, wie wenn Sie vom Sonnenzeichen her eine Waage- oder eine Fischepersönlichkeit wären. Entsprechend finden Sie in den verschiedenen Bänden dieser Buchreihe in der jeweiligen Beschreibung des Aszendenten-, Mond-, Merkur-, Venus-, Mars-, Jupiter- und Saturnzeichens die gleichen Aussagen.

Auf der anderen Seite ist es wichtig, zu verstehen, daß die Interpretation einer einzelnen Größe wie zum Beispiel Aszendent, Mond oder Sonne immer nur einen bestimmten Aspekt wiedergibt, der eventuell widersprüchlich zu dem sein kann, was über einen anderen Faktor gesagt ist. Die Kunst der Astrologie beruht aber gerade darauf, Verschiedenes,

eventuell sogar Sich-Widersprechendes miteinander zu verbinden bzw. gemäß der eigenen Intuition und Erfahrung zu gewichten.
Die Tabellen zur Berechnung des Aszendenten, der Mond-, der Merkur-, der Venus-, der Mars- und der Jupiterstellung in diesem Band gelten nur für Ihr Tierkreiszeichen, die Saturntabelle gilt auch für alle anderen Zeichen.

DER ASZENDENT

Von Ihrem Sonnenzeichen her sind Sie ein Widder, dies ist aber wie gesagt nur *ein* Aspekt Ihrer Persönlichkeit. Die Astrologie kennt noch viele andere, wovon der Aszendent der wichtigste ist.
Für die Bestimmung des Aszendenten muß man allerdings die genaue Geburtszeit kennen. Sie ist erfahrbar, weil sie auf dem Standesamt des Geburtsorts festgehalten wird. Wenn Sie also die Zeit, zu der Sie das Licht der Welt erblickt haben, nicht kennen, haben Sie die Möglichkeit, dort anzufragen und um Auskunft zu bitten.
Als ich seinerzeit damit begann, Horoskope zu erstellen, war ich sehr erstaunt darüber, daß die Geburtszeit neben dem Geburtstag in den Büchern der Standesämter festgehalten wird. Der Geburtstag dient dem Staat neben anderen Angaben zur eindeutigen Identifizierung einer Person. Aber welchen Zweck erfüllt für die Bürokratie die Geburtszeit? Für mich liegt darin auch heute noch kein größerer Nutzen als dieser: Durch die schriftliche Fixierung der Geburtszeit liefern die Behörden der Astrologie die wichtigste Berechnungsgrundlage und ermöglichen so jedem Menschen einen Blick auf den ganz persönlichen, einzigartigen Anfang seines Lebens.
Der Aszendent symbolisiert Ihre individuelle Note. Das Sonnen- oder Tierkreiszeichen haben Sie ja gemeinsam mit allen Menschen, die wie Sie zwischen dem 21. März und dem 20. April geboren sind. Der Aszendent jedoch ergibt sich aus Ihrer ganz persönlichen Geburtszeit.
Was ist denn nun der Aszendent? Bekanntlich dreht sich die Erde in zirka 24 Stunden um ihre eigene Achse. Von der Erde aus gesehen, beschreibt die Sonne dabei aber einen Kreis um unseren Planeten. Dieser Kreis wird – ebenso wie beim scheinbaren Kreislauf der Sonne um die Erde innerhalb eines Jahres – in zwölf Abschnitte unterteilt: die zwölf Zeichen des Tierkreises. Entsprechend steigt am östlichen Hori-

zont etwa alle zwei Stunden ein neues Tierkreiszeichen auf. Dasjenige, das zum Zeitpunkt Ihrer Geburt gerade dort aufging, nennt man »Aszendent« (dieser Begriff ist abgeleitet vom lateinischen Wort *ascendere* = »aufsteigen«).

Die Deutung des Aszendenten ist auch dementsprechend, denn zunächst einmal wollen Ihre Anlagen (repräsentiert durch den Aszendenten) das gleiche wie das Tierkreiszeichen am Himmel, nämlich »aufgehen«. Wenn Sie also Aszendent Widder »sind«, dann strebt die durch dieses Zeichen symbolisierte Kraft danach, in Ihrem Leben aufzugehen und stärker zu werden. Sind Sie Aszendent Fische, dann versuchen sich Fischekräfte in Ihrem Leben bemerkbar zu machen. Man kann auch sagen, daß Ihr Aszendent mit zunehmendem Alter immer stärker wird. Manchmal ergänzen sich Aszendent und Tierkreiszeichen, zuweilen sind sie völlig entgegengesetzt. Entsprechend fällt es einem leichter oder schwerer, seinen Aszendenten zusammen mit seinem »Stern-« bzw. Sonnenzeichen in sein Leben zu integrieren.

DIE ERMITTLUNG DES ASZENDENTEN

A Suchen Sie in Tabelle 1 Ihren Geburtstag, und tragen Sie die zugehörige Zahl in Feld 1 auf Seite 75 ein
(zum Beispiel: 15. April ergibt 188).

B Multiplizieren Sie Ihre Geburtsstunde mit der Zahl 15
(0.00 Uhr ergibt 0; 10.00 Uhr ergibt 150; und 23.00 Uhr ergibt 345).
Tragen Sie die gefundene Zahl in Feld 2 auf Seite 75 ein.

C Teilen Sie Ihre Geburtsminute durch die Zahl 4
(0 Minuten ergibt 0; 10 Minuten ergibt 2,5; 40 Minuten ergibt 10).
Tragen Sie die gefundene Zahl in Feld 3 auf Seite 75 ein.

Tabelle 1

20. März	162
21. März	163
22. März	164
23. März	165
24. März	166
25. März	167
26. März	168
27. März	169
28. März	170
29. März	171
30. März	172
31. März	173
1. April	174
2. April	175
3. April	176
4. April	177
5. April	178
6. April	179
7. April	180
8. April	181
9. April	182
10. April	183
11. April	184
12. April	185
13. April	186
14. April	187
15. April	188
16. April	189
17. April	190
18. April	191
19. April	192
20. April	193
21. April	194
22. April	195

D Suchen Sie in der Landkarte den Abschnitt, in dem Ihr Geburtsort liegt, und tragen Sie die Ortszahl in Feld 4 auf Seite 75 ein (München ergibt 12, Berlin ergibt 13).

E Bilden Sie die Zwischensumme 1 aus Feld 1 bis 4.

F War bei Ihrer Geburt Sommerzeit? Dann muß die Zahl 15 abgezogen werden. Die Sommerzeiten in Deutschland, Österreich und der Schweiz finden Sie in der folgenden Tabelle auf Seite 73 bzw. 74.

G Bilden Sie die Zwischensumme 2. Ergibt sich eine Zahl von über 360, dann muß die Zahl 360 abgezogen werden.

H Bilden Sie die Summe 3.

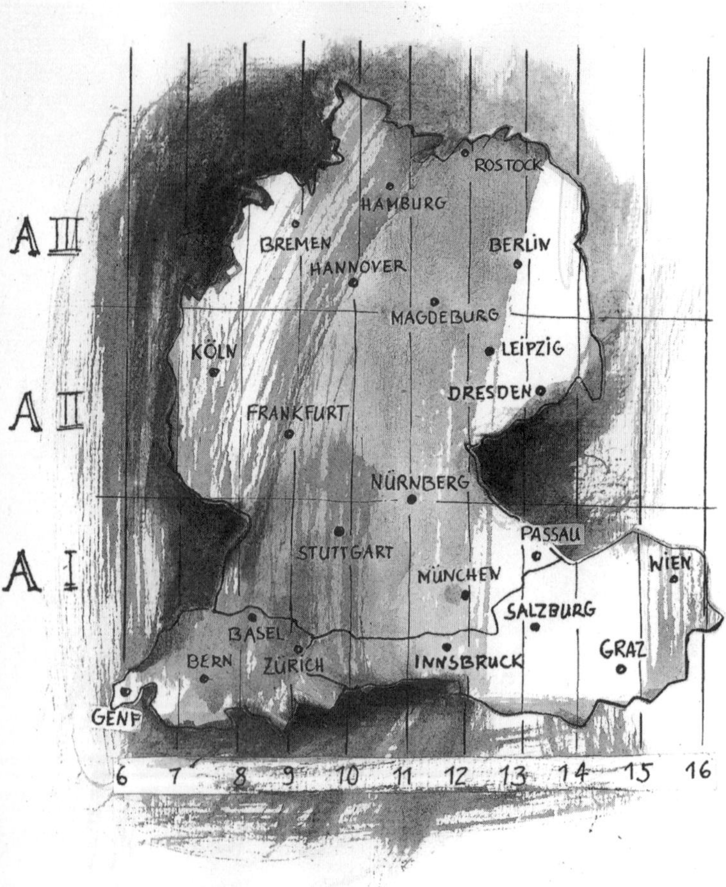

A III
A II
A I
ROSTOCK
HAMBURG
BREMEN
BERLIN
HANNOVER
MAGDEBURG
KÖLN
LEIPZIG
DRESDEN
FRANKFURT
NÜRNBERG
STUTTGART
PASSAU
WIEN
MÜNCHEN
SALZBURG
BASEL
BERN
ZÜRICH
INNSBRUCK
GRAZ
GENF
6 7 8 9 10 11 12 13 14 15 16

Sommerzeiten in Deutschland und Österreich

1940	1. April bis 31. Dezember
1941	1. Januar bis 31. Dezember
1942	1. Januar bis 1. November
1943	29. März bis 3. Oktober
1944	3. April bis 1. Oktober
1945	2. April bis 15. Oktober[1]
1946	14. April bis 7. Oktober
1947	6. April bis 5. Oktober[2]
1948	18. April bis 2. Oktober
1949	10. April bis 1. Oktober (D/sowj. bes. Zone bis 18. November)
1980	6. April bis 27. September
1981	29. März bis 26. September
1982	28. März bis 25. September
1983	27. März bis 24. September
1984	25. März bis 29. September
1985	31. März bis 28. September
1986	30. März bis 27. September
1987	29. März bis 26. September
1988	27. März bis 24. September
1989	26. März bis 23. September
1990	25. März bis 29. September
1991	31. März bis 28. September
1992	29. März bis 26. September
1993	28. März bis 25. September
1994	27. März bis 24. September
1995	26. März bis 23. September
1996	31. März bis 26. Oktober
1997	30. März bis 25. Oktober
1998	29. März bis 24. Oktober
1999	28. März bis 30. Oktober
2000	26. März bis 28. Oktober
2001	25. März bis 27. Oktober
2002	31. März bis 27. Oktober
2003	30. März bis 26. Oktober

[1] Im sowjetisch besetzten Gebiet Deutschlands vom 24. Mai bis 24. September doppelte Sommerzeit (mitteleuropäische Zeit minus 2 Stunden). Wenn Sie davon betroffen sind, sollten Sie sich ein professionell erstelltes Horoskop anfertigen lassen (siehe Info am Ende dieses Buches).

[2] 1947: doppelte Sommerzeit. Siehe Anm. 1.

Sommerzeiten in der Schweiz

1941	5. Mai bis 6. Oktober
1942	4. Mai bis 5. Oktober

Ab **1981** wie Deutschland und Österreich

Bestimmen Sie in Tabelle 2 Ihren Aszendenten. Dabei müssen Sie noch unterscheiden, ob Ihr Geburtsort in Abschnitt AI, AII oder AIII der Landkarte liegt.

Tabelle 2

AI	AII	AIII	Aszendent
270–280	270–279	270–278	Widder
281–284	280–283	279–282	Widder/Stier
285–297	284–295	283–291	Stier
298–303	296–301	292–299	Stier/Zwillinge
304–321	302–319	300–313	Zwillinge
322–330	320–328	314–325	Zwillinge/Krebs
331–355	329–353	326–348	Krebs
356–7	354–5	349–3	Krebs/Löwe
8–35	6–34	4–31	Löwe
36– 48	35–47	32–46	Löwe/Jungfrau
49–77	48–76	47–75	Jungfrau
78–89	77–89	76–89	Jungfrau/Waage
90–117	90–118	90–119	Waage
118–130	119–131	120–132	Waage/Skorpion
131–158	132–160	133–164	Skorpion
159–171	161–173	165–175	Skorpion/Schütze
172–197	174–200	176–204	Schütze
198–208	201–210	205–213	Schütze/Steinbock
209–228	211–230	214–235	Steinbock
229–235	231–237	236–239	Steinbock/Wassermann
236–249	238–251	240–254	Wassermann
250–254	252–255	255–256	Wassermann/Fische
255–265	256–266	257–266	Fische
266–269	267–269	267–269	Fische/Widder

Wenn Ihr Aszendent auf ein doppeltes Zeichen (zum Beispiel Widder/Stier) fällt, ist es ratsam, sich Ihren Aszendenten genau bestimmen zu lassen (siehe Info am Schluß des Buches).

Beispiel: *Helga Mustermann, geb. am 15.4.1954 um 8.08 Uhr in München*

A	Feld 1	Ihr Geburtsdatum ergibt die Tageszahl		188
B	Feld 2	Ihre Geburtsstunde ergibt die Stundenzahl		120 (8 mal 15)
C	Feld 3	Ihre Geburtsminute ergibt die Minutenzahl		2 (8 durch 4)
D	Feld 4	Ihr Geburtsort ergibt die Ortszahl		12
E	Zwischensumme 1			322
F	Sommerzeit (?)		(–15) nein	–
G	Zwischensumme 2			322
		Über 360 (?)	(–360) nein	–
H	**Summe 3**			**322**

Im Beispiel ist der Aszendent (322 in AI) Übergang Zwillinge/Krebs (siehe die Einleitung zum folgenden Kapitel »Die Aszendenten der Widder«).

Hier können Sie Ihren Aszendenten berechnen

A	Feld 1	Ihr Geburtsdatum ergibt die Tageszahl		179
B	Feld 2	Ihre Geburtsstunde ergibt die Stundenzahl		165
C	Feld 3	Ihre Geburtsminute ergibt die Minutenzahl		10,75
D	Feld 4	Ihr Geburtsort ergibt die Ortszahl		___
E	Zwischensumme 1			___
F	Sommerzeit (?)		(–15)	___
G	Zwischensumme 2			___
	Über 360 (?)		(–360)	___
H	**Summe 3**			___

Mein Aszendent lautet: ______________________

DIE ASZENDENTEN DER WIDDER

Wenn Sie Ihren Aszendenten ermittelt haben, können Sie nun im folgenden etwas darüber erfahren, was er über bestimmte Teilbereiche Ihrer Persönlichkeit aussagt (siehe auch die Vorbemerkung am Beginn von Teil II). Haben Sie ein doppeltes Zeichen errechnet, lesen Sie am besten nach, was über beide geschrieben steht – meistens erkennt man dann schon, welches das wahrscheinlichere ist. Sie können sich aber auch den Aszendenten bzw. ein ganzes Horoskop mit allen Gestirnskonstellationen errechnen lassen (siehe die Info am Ende dieses Buches).

Aszendent WIDDER

Vorteile Direkt, spontan, dynamisch, durchsetzungsstark
Nachteile Ungeduldig, launisch
Aszendentenherrscher Mars

Sie haben eine doppelte Widdernatur, weil Sie sowohl vom Sonnen- als auch vom Aszendentenzeichen her Widder »sind«. Nun kommt es allerdings ganz darauf an, ob Sie vor oder nach dem Sonnenaufgang geboren wurden. Diese Unterscheidung ist in der Astrologie äußerst wichtig. Sie sollten sich daher ein sogenanntes Radixhoroskop erstellen lassen (siehe die Info am Ende dieses Buches), denn anhand eines solchen Geburtshoroskops läßt sich diese wichtige Frage entscheiden. Vielleicht finden Sie es aber auch beim weiteren Lesen heraus.
Wurden Sie vor oder genau bei Sonnenaufgang geboren, steht Ihre Sonne im ersten Haus. Dann »verdoppeln« sich alle Widdereigenschaften, die bisher in diesem Buch beschrieben wurden. Sie sind ein irre dynamischer Typ, draufgängerisch, mutig, aktiv, und Sie übernehmen gern Führungsaufgaben. Was Ihren Beruf betrifft, sollten Sie sich unbedingt selbständig machen oder eine Führungsposition übernehmen.
Wurden Sie hingegen nach Sonnenaufgang geboren, sind Sie eher ein nachdenklicher, sensibler Mensch, der es nicht leicht hat, seine Widdereigenschaften zu leben. Sie verfügen dafür über besondere mentale und künstlerische Begabungen und sind Ihrer Zeit häufig voraus. Durch unkonventionelles und schöpferisches Denken und Handeln können Sie neue (berufliche) Wege einschlagen. Wichtig ist, daß Sie Ihr

soziales Verantwortungsgefühl entwickeln, denn Sie sind ein Mensch, den es nicht glücklich macht, wenn er nur an sich selbst denkt: Sie haben anderen – der Gesellschaft als Ganzes – etwas zu geben.

Aszendenten-Check

Wie ergänzen sich Sonne und Aszendent? Sonnen- und Aszendentenzeichen sind gleich und verstärken sich gegenseitig.

Aszendent STIER

Vorteile Solide, sachlich, praktisch, sinnlich
Nachteile Stur, inflexibel
Aszendentenherrscher Venus

Von Ihrer Aszendentenkraft her sind Sie ein Praktiker, der das Leben realistisch und mit Hilfe seiner fünf Sinne betrachtet. Wertvoll ist, was gut klingt, angenehm riecht und schmeckt, schön aussieht und sich anfassen läßt. Außerdem sind Sie hedonistisch, also bis in die Zehenspitzen genußorientiert, dabei aber nie leichtsinnig, flatterhaft oder unzuverlässig. Schnaps ist Schnaps, und Dienst ist Dienst! Und ohne Arbeit keine Kohle und ohne Kohle kein Vergnügen! Manche sehen in Ihnen deswegen nichts anderes als einen schnöden Materialisten, ohne zu erkennen, was Sie wirklich sind: Realist nämlich – und praktisch durch und durch, mit beiden Beinen fest auf der Erde.

Was Sie einmal als Ihr Eigentum deklariert haben, lassen Sie sich nur ungern wieder nehmen. Doch Sie sind kein knausriger Mensch; Sie sind durchaus bereit zu teilen, aber niemand darf Sie drängen!

Wenn Sie lieben, würden Sie sogar Ihr letztes Hemd verschenken. In derart rosaroter Stimmung wird aus Ihnen ein Philosoph, der nächtelang über Gott und die Welt räsoniert und sich vom wortkargen und nüchternen Pragmatiker zum redegewandten Charmeur mausert. Ihr Partner darf alles, bloß kein Asket sein – genausowenig aber auch kein lockeres Vögelchen, das Ihr geliebtes Geld zum Fenster rauswirft.

Aszendenten-Check

Wie ergänzen sich Sonne und Aszendent? Ihr Sonnenzeichen Widder und Ihr Aszendentenzeichen Stier sind gegensätzlicher Natur. Ihre feurige Widderseite stößt sich mit der praktischen und manchmal auch materiell orientierten Stierseite. Es geht bei Ihnen darum, beide Anteile zu ihrem Recht kommen zu lassen und sie in Harmonie zu verbinden.

Wichtig für Sie: Wo steht Venus? Siehe das Kapitel »Das Venushoroskop – Ihre Liebesfähigkeit«!

Aszendent ZWILLINGE

Vorteile Gewandt, beredt, vielfältig, kommunikativ
Nachteile Zerstreut, unsicher
Aszendentenherrscher Merkur

Lässig wie die Rose am Revers tummeln Sie sich durchs Leben, welches ihnen, solange Sie in guter Verfassung sind, nie eintönig grau, sondern bunt und vielfältig wie der Blick durch ein Kaleidoskop erscheint. Sie beherrschen oft mehrere Sprachen, bestimmt aber einige Dialekte, und könnten ohne weiteres in völlig unterschiedlichen Branchen arbeiten oder das Management führen. Je unterschiedlicher die Aufgaben sind, die man Ihnen stellt, um so besser werden Sie. Am bemerkenswertesten sind Ihr Redetalent und Ihre Fähigkeit, Kontakte zu schließen. Aber Sie wollen das Leben in allen Nuancen auskosten, sind ungeheuer neugierig und möchten möglichst viele Menschen kennenlernen, und dafür muß man eben reden, reden, reden ...
Dogmen, starre Regeln, die Zehn Gebote oder der »Bart des Propheten« lassen Ihnen einen Schauer über den Rücken laufen. Denn Ihrer tiefsten Überzeugung nach hält sich das Leben auch nicht an feste Vorgaben und überkommene Vorstellungen, sondern gleicht eher einer schillernden Seifenblase, einem Glasperlenspiel oder einer Komödie mit ständig wechselnden Rollen.
Es gibt allerdings auch noch ein andere Seite bei Ihnen, der Sie weit weniger Aufmerksamkeit schenken, eine tiefe, hinterfragende, bohrende, verurteilende. Sie spielt Ihren Schatten, dämpft zuweilen Ihren Esprit, zieht Sie sogar manchmal völlig in den Keller.
Freiheit und Unabhängigkeit stehen in Ihrer persönlichen Werteskala an der Spitze, weshalb Sie auch regelmäßig Probleme in festen Beziehungen bekommen.

Aszendenten-Check

Wie ergänzen sich Sonne und Aszendent? Ihr Sonnenzeichen Widder und Ihr Aszendentenzeichen Zwillinge passen beinahe *zu gut* zusammen. Ihr Einfallsreichtum wird nämlich so groß, daß Sie gelegentlich vorsichtig sein müssen, damit Sie sich nicht verlieren.

Aszendent KREBS

Vorteile Gefühlvoll, häuslich, sensibel, fürsorglich
Nachteile Launisch, abhängig
Aszendentenherrscher Mond

Sie sind ein bißchen rätselhaft und verlieren sich am liebsten in Ihrer eigenen oder anderer Leute Psyche. »Seelentaucher« könnte man Sie nennen ... Das Leibliche kommt deswegen aber noch lange nicht zu kurz. Sie sind ein Meister der Küche und würden sich, wenn Sie es drauf anlegten, allemal jede Menge »Kochlöffel« oder »-mützen« verdienen. Aber Sie sind auch scheu. Sie drängen nicht ins Rampenlicht. Über Ihre göttlichen Talente im Bett kann man nur munkeln. Wie kaum jemand anderes können Sie kindlich-ausgelassen albern sein. Aber Sie haben auch Ihre Launen. Wer die verstehen will, studiere zuerst Freuds Psychoanalyse, dann Dantes *Göttliche Komödie* und zum Schluß die hohe Kunst der Zen-Meditation.
In guten Zeiten sind Sie nämlich fröhlich, mit glänzenden Augen, extravertiert. Zwei Tage später vielleicht sind Sie wie verwandelt, stumm, scheu, abwesend, in sich gekehrt und zu wie eine Auster! Rätselhaft! Ein Mensch mit zwei Gesichtern! Und das alles, weil Sie wie kein anderes Tierkreiszeichen vom Mond abhängig sind. Beobachten Sie es einmal: Wird seine Sichel größer, wächst auch Ihr Selbstbewußtsein. Zieht sich der Mond zurück, leidet Ihr Nervenkostüm, die Empfindsamkeit wächst, und aus Angst, sich zu verletzen, ziehen Sie sich hinter Ihren Krebspanzer zurück.

Aszendenten-Check

Wie ergänzen sich Sonne und Aszendent? Ihr Sonnenzeichen Widder und Ihr Aszendentenzeichen Krebs sind konträr. Einerseits sind Sie feurig und dynamisch, andererseits zurückhaltend und einfühlsam. Ihre Aufgabe in diesem Leben ist, die beiden Seiten miteinander in harmonischer Weise zu verbinden, das heißt, keine Seite zu negieren, aber auch keine zu stark zu betonen.

Wichtig für Sie: Wo steht der Mond? Siehe das Kapitel »Das Mondhoroskop – Ihre Gefühle«!

Aszendent LÖWE

Vorteile Selbstbewußt, großzügig, herzlich, schöpferisch
Nachteile Stolz, träge
Aszendentenherrscher Sonne

Sie sind ein ganz besonderer Mensch. Sie gehen, sprechen, lächeln anders – nie unscheinbar, sondern immer mit Ausdruck. Ihr Geschmack ist untrüglich, und weil Sie nur das Echte und Ursprüngliche lieben, ist Ihr Leben ziemlich anspruchsvoll und teuer. Dazu kommt eine ungeheure Vitalität (ja, Sie können auch stinkfaul sein, aber das steht auf einem anderen Blatt). Zurückhaltung, Bescheidenheit und Schamgefühl kommen in Ihrem Repertoire kaum vor. Sie sagen, was Sie denken, und tun, was Sie wollen – und damit basta! Kein Wunder, daß die anderen den Atem anhalten und Sie offen oder heimlich bewundern. Gibt es allerdings Spannungen und Widersprüche, geben Sie rasch auf. Sie müssen in solchen Situationen verstehen, daß andere einen gewissen Respekt vor Ihnen haben: Sie werden es nicht so leicht wagen, Ihnen mit Forderungen oder gar Kritik zu nahe zu treten. Denn viele haben den Eindruck, daß Sie bei allem Humor und Großmut doch ziemlich abweisend sein können. Halten Sie darauf Ihr Augenmerk, machen Sie es anderen leichter, an Sie heranzukommen, damit Sie sich nicht – völlig unabsichtlich – selbst isolieren. Wen Sie lieben, schließen Sie voll in Ihr Herz, aber sich einem Menschen zu unterwerfen empfinden Sie als Selbstaufgabe und Demütigung.

Aszendenten-Check
Wie ergänzen sich Sonne und Aszendent? Ihr Sonnenzeichen Widder und Ihr Aszendentenzeichen Löwe ergänzen sich großartig. Sie werden immer Menschen finden, die Ihnen weiterhelfen, und Möglichkeiten, die zu Ihnen passen. Sie sind direkt dafür geboren, in einem Team der natürliche Anführer zu sein.

Die Sonne ist die wichtigste Kraft in einem Horoskop

Aszendent JUNGFRAU

Vorteile Zuverlässig, ehrlich, sachlich, beschwingt
Nachteile Pessimistisch, kritisch
Aszendentenherrscher Merkur

Geistig fit und jung zu bleiben ist Ihnen sehr wichtig ... genauso wichtig wie ein ordentlicher Gefühlshaushalt. Von Verdrängungen und unausgesprochenen Emotionen halten Sie nämlich nichts – Sie wollen sich mit Ihren Gefühlen auseinandersetzen, darüber reden, um sich ein reines, unbeschwertes Wesen zu erhalten. Sie wissen, Sie schlafen dann besser. So lernen Sie von Kind auf, Ihre Wünsche allmählich in den Griff zu kriegen, wenn nötig, aufzuschieben, bis die Gelegenheit günstiger ist. Oder Sie streichen sie nach dem Motto »Was ich nicht weiß, macht mich nicht heiß« ganz von Ihrer Liste: eine äußerst pragmatische Einstellung.
Diese Vernunft, gepaart mit einer gewissen Nüchternheit, äußert sich auch bei anderen Gelegenheiten: In der Liebe zum Beispiel lodern die Flammen der Leidenschaft zwar durchaus heftig, aber Sie suchen auch ruhigere Freuden wie Freundschaft, Zuneigung, Zärtlichkeit, Fürsorge und Treue.
Anderen gegenüber sind Sie sehr kritisch. Als Entschuldigung läßt sich nur anführen, daß Sie mit sich selbst noch härter umspringen.

Aszendenten-Check
Wie ergänzen sich Sonne und Aszendent? Ihr Sonnenzeichen Widder und Ihr Aszendentenzeichen Jungfrau ergänzen sich nicht automatisch. Sie stellen nämlich unterschiedliche Ansprüche an sich, sind einerseits dem feurigen Widderelement verpflichtet, das heißt lieben das Spontane und Direkte, andererseits sind Sie ein recht vorsichtiger Mensch. Sie müssen in Ihrem Leben lernen, beide Seiten miteinander in Einklang zu bringen.

Aszendent WAAGE

Vorteile Anmutig, charmant, stilvoll, neutral
Nachteile Abhängig, unecht
Aszendentenherrscher Venus

Mit Ihrer entgegenkommenden, freundlichen Art gelingt es Ihnen schnell, Kontakt zu anderen zu finden, und Sie wissen sofort, was Ihre Mitmenschen möchten. Bei Ihnen selbst blicken Sie allerdings weniger gut durch. Spontane Entscheidungen fallen Ihnen besonders schwer. Sie müssen alles genau abwägen, und häufig entscheiden dann andere für Sie.
Das ist auch in Partnerschaften der Fall. Wenn Sie am Anfang einer Liebe stehen, mag das noch angehen, aber auch dann, wenn eine Beziehung zu Ende geht, treffen eher Ihre Partner die Entscheidung, obwohl Sie in Wirklichkeit längst mit dem Gedanken einer Trennung gespielt haben.
Kreativität ist Ihnen angeboren. Sie haben Geschmack, Stil und tolle Einfälle. Der Nachteil: Alltagsroutine fällt Ihnen schwer. Unter Freunden, in einer Partnerschaft oder Familie genauso wie in einem Arbeitsteam sorgen Sie für eine angenehme, heitere und entspannte Atmosphäre.
Das ist großartig, wenn es darum geht, Konflikte zu vermeiden oder Streithansel zu versöhnen. Aber es kann auch des Guten zuviel werden, nämlich dann, wenn Sie Unstimmigkeiten grundsätzlich aus dem Weg gehen. Als Tierkreiszeichen Widder müssen Sie einfach lernen, daß Streit und Auseinandersetzungen zum Leben gehören!

Aszendenten-Check

Wie ergänzen sich Sonne und Aszendent? Ihr Sonnenzeichen Widder und Ihr Aszendentenzeichen Waage liegen sich im Tierkreis genau gegenüber, stehen also für völlig entgegengesetzte Qualitäten: Einerseits sind Sie waagehaft-harmonisch und *du*-orientiert, andererseits (Widder) *ich*haft und drängend. Sie kommen mit diesen beiden widersprüchlichen Seiten um so besser klar, je mehr Sie sich selbst zugestehen, daß Sie widersprüchlich sind, eben zwei entgegengesetzte Anlagen haben und nicht versuchen, sich in eine Richtung zwängen zu wollen.

Wichtig für Sie: Wo steht Venus? Siehe das Kapitel »Das Venushoroskop – Ihre Liebesfähigkeit«!

Aszendent SKORPION

Vorteile Furchtlos, unergründlich, leidenschaftlich
Nachteile Mißtrauisch, starr
Aszendentenherrscher Pluto

Nach außen hin pflegen Sie den Kult des geheimnisvollen Unbekannten: Keiner soll wissen, wie's in Ihrem Inneren aussieht. Sie selbst allerdings lesen in anderen wie in einem offenen Buch: Sie haben den Röntgenblick und einen »körpereigenen Lügendetektor« noch dazu. Gnadenlos decken Sie auf, wo immer mit gezinkten Karten gespielt wird, und legen, wenn's sein muß, den Finger genau in die offene Wunde. Stets sind Sie auf der Suche nach dem Echten und Wahren und weisen alles Künstliche und Oberflächliche kompromißlos ab.
Allerdings gibt es bekanntlich immer mehrere Wahrheiten – und hier beginnt das Problem: Sie neigen nämlich dazu, Ihre Meinung (oder diejenige, der Sie sich angeschlossen haben) zur alleinseligmachenden zu erklären. Sie müssen lernen, von einseitigen Vorstellungen loszukommen.
Ihr Lebensstil wird weniger von äußerlicher Bequemlichkeit geprägt als von Entschlossenheit und Konsequenz. Sie brauchen daher Herausforderungen. Es ist sogar so, daß Sie um so mehr leisten, je größer Ihre Aufgaben sind.

Aszendenten-Check
Wie ergänzen sich Sonne und Aszendent? Ihr Sonnen- und Ihr Aszendentenzeichen sind sehr verschieden, was zu Spannungen führt. Aber Probleme machen Ihnen nicht nur zu schaffen, sondern sie bringen Sie auch weiter – und das ist Ihnen um so wichtiger, je älter Sie werden. Am schwierigsten ist es, damit fertig zu werden, daß Sie sowohl eine tiefe Bindung wünschen als auch selbständig und unabhängig bleiben wollen.

Aszendent SCHÜTZE

Vorteile Optimistisch, aufgeschlossen, mitreißend, jovial
Nachteile Unrealistisch, leichtgläubig
Aszendentenherrscher Jupiter

Ihr Leben ist eine fortwährende Suche nach Abwechslung und Überraschung, Änderung und Verwandlung: Es gibt für Sie keine größere Horrorvorstellung als die Aussicht, daß alles so bleibt, wie es ist. Als Maßnahme gegen die Langeweile stürzen Sie sich ins Abenteuer, treiben exzessiven Sport, fahren schnelle Autos und verbringen Ihren Urlaub abseits jeder touristischen Trampelroute. Streß und Improvisation sind die Motoren, die Sie antreiben und zu Höchstleistungen trimmen. Karriere machen Sie daher bestimmt nicht dort, wo Routine das wichtigste ist.
Parallel zu draußen ist auch drinnen Action angesagt: Sie kennen die Macht der Phantasie und zaubern daraus wie aus einer magischen Wundertüte immer wieder etwas Neues, Buntes hervor.
Ihr Auftreten ist dynamisch. Ausstrahlung braucht der erfolgreiche Mensch, Faszination, Charisma, Sex-Appeal! Und Sie strotzen von alledem! Wer es sich grundlegend mit Ihnen verderben will, braucht nur die Unwahrheit zu sagen. Lügen verachten Sie. Man darf von Ihnen auch nicht erwarten, daß Sie Ihre aufrichtige Meinung verbergen. Sie sagen, was Sie denken, und verärgern damit oft andere.

Aszendenten-Check
Wie ergänzen sich Sonne und Aszendent? Sie haben beides, Inspiration und Liebe. Aber Sie brauchen Ziele, die Sie begeistern, und Menschen, die Sie begeistern können. Ihren Hang zu Autoritätskonflikten müssen Sie einfach überwinden, wenn Sie die großen Aufgaben, die Sie sich vorgenommen haben, meistern wollen.

Wichtig für Sie: Wo steht Jupiter? Siehe das Kapitel »Das Jupiterhoroskop ...«!

Aszendent STEINBOCK

Vorteile Sachlich, objektiv, gerecht, zäh
Nachteile Hart, kalt
Aszendentenherrscher Saturn

Sie sind ein Mensch für den zweiten Blick, nicht besonders auffällig oder selbstbewußt, auch nicht unbedingt umwerfend charmant. Aber Sie sind entschlossen, zäh und willensstark. So wie die richtigen Steinböcke in den Bergen für ein Leben droben unterm Gipfel geschaffen sind, gehören auch Sie hinauf – und werden dort eines Tages landen. Auf jeden Fall haben Sie die richtigen Voraussetzungen für einen Gipfelsturm: Sie sind genügsam, zäh und ausdauernd.
Ihre berufliche Ausgangslage ist also bestens. Sie sind dafür prädestiniert, Verantwortung zu übernehmen, andere zu führen und ihnen ein Vorbild zu sein. Weil Sie die Dinge »von oben herab« betrachten, vertreten Sie ein übergeordnetes Prinzip, das Sie zum Wohle aller einzusetzen in der Lage sind. In der Organisation und Verwaltung leisten Sie Hervorragendes.
Doch alles hat seinen Preis. Weil Sie für einen harten Lebenskampf gerüstet sind, ist Ihr Gefühlsleben entsprechend spärlich. Sie haben in aller Regel schon früh erfahren, daß das mit den Gefühlen so eine Sache ist, daß sie verletzlich und hilflos machen ... Also besser, man zeigt sie nicht. Daraus wurde mit der Zeit eine Gewohnheit.

Aszendenten-Check

Wie ergänzen sich Sonne und Aszendent? Ihr Sonnenzeichen Widder und Ihr Aszendentenzeichen Steinbock verkörpern völlig entgegengesetzte Kräfte. Infolge Ihres Widdernaturells setzen Sie auf Spontaneität und Impulsivität. Ihre Steinbockveranlagung jedoch veranlaßt Sie, vorsichtig, kritisch und distanziert vorzugehen. Dieser Widerspruch kann dazu führen, daß Sie sich und anderen gegenüber sehr hart sind, was Schwächen und Fehler betrifft. Im Lauf Ihres Lebens werden Sie das Kunststück vollbringen, Spontaneität und Kontrolle miteinander zu verbinden.

Aszendent WASSERMANN

Vorteile Human, frei, unkonventionell, erfinderisch
Nachteile Abgehoben, nervös
Aszendentenherrscher Uranus

Sie haben die richtige Mischung aus kühler Vernunft, exzentrischen Angewohnheiten und schöpferischer Phantasie. Virtuos beherrschen Sie die feinsten gesellschaftlichen Umgangsformen und verachten dennoch jede Regel. Ihr bestbehütetes Gut ist Ihre Unabhängigkeit. Um sie zu retten, opfern Sie auch mal eine sichere, aber sterbenslangweilige Karriere als Beamter oder Angestellter im öffentlichen Dienst. Routine, Arbeit nach Vorschrift und Vorgesetzte, die Ihnen wie Geier aufs Aas auf die Finger starren, bedeuten das Aus für Ihr sprühendes Temperament.
Ihr Charakter zeigt eine gewisse Ähnlichkeit mit »Luft«. So sind Sie vom Wesen her sehr transparent und offenbaren sich leicht anderen Menschen. Und Sie lassen sich auch nur schwer greifen und begreifen und lösen sich wie Luft auf, wenn man Sie einmal wirklich packen möchte. Gefühle und Leidenschaften sind Ihnen vertraut. Aber diese berühren Sie niemals heftig und tief. Daher erfreuen Sie sich auch im Regelfall einer inneren Harmonie und Gelassenheit. Ihr Temperament ist eher fröhlich, heiter – sanguinisch.

Aszendenten-Check

Wie ergänzen sich Sonne und Aszendent? Ihr Sonnenzeichen Widder und Ihr Aszendentenzeichen Wassermann sind bestens aufeinander eingestimmt und verschaffen Ihnen kreative Höhenflüge. Am Bodenkontakt mangelt es zuweilen. Mißtrauen Sie Menschen, die Sie bremsen. Aber suchen und achten Sie solche, die Ihnen dabei helfen können, Ihren Träumen Hand und Fuß zu verschaffen!

Aszendent FISCHE

Vorteile Geheimnisvoll, intuitiv, sensibel, verständnisvoll
Nachteile Unsicher, unrealistisch
Aszendentenherrscher Neptun

Sie sind ein ewiges Rätsel! Naiv wie ein Kind, mysteriös wie eine Sphinx – mal messerscharf denkend, ja fast schon genial, dann wieder völlig abwesend, träumend, zerstreut, unfähig, die einfachsten Dinge auf die Reihe zu bringen. Gewöhnungsbedürftig für alle, die mit Ihnen leben, sind die Phasen, in denen Sie im Chaos versinken, sich gehenlassen und vernachlässigen.
Am erstaunlichsten ist Ihre Intuition – Ihre fast schon übersinnlichen Fähigkeiten: als könnten Sie Gedanken lesen, in die Zukunft blicken und hellsehen. Als Frau sind Sie noch eine Spur mysteriöser, obwohl Sie als Mann natürlich ebenfalls diesen »Faktor X« besitzen, ihn aber lieber vor der Öffentlichkeit verbergen. Auf der anderen Seite lassen Sie auch kaum ein Fettnäpfchen aus: Wenn's darum geht, sich so richtig schön danebenzubenehmen, kann Ihnen keiner das Wasser reichen! Auch das ist ein Grund, warum Sie sich oft so einsam und unverstanden fühlen: »Keiner liebt mich, keiner versteht mich ...« – ist das nicht Ihr Lieblingsvorwurf gegenüber dem Rest der Welt? Irgendwann werden Sie verstehen, warum Sie häufig allein sind: weil Sie so am glücklichsten sind! Das heißt jetzt nicht, daß Sie ins Kloster oder ins Himalajagebirge gehören. Im Gegenteil! Sie sind eine derartig schillernde und reizende Person, daß es nichts Schöneres gibt, als mit Ihnen den ewigen Reigen der Wassernymphen und Faune zu tanzen: locken, sich fangen lassen, entkommen, lachen und davonlaufen ...

Aszendenten-Check
Wie ergänzen sich Sonne und Aszendent? Diese Mischung macht Sie sehr widersprüchlich. Am wichtigsten ist, daß Sie selbst erst einmal zu dieser Widersprüchlichkeit stehen und sich nicht verurteilen oder zu einer Seite zwingen wollen. Im Lauf Ihres Lebens werden Sie dann immer besser mit sich und Ihren zwei Seiten klarkommen.

Das Mondhoroskop –
IHRE GEFÜHLE

Im folgenden Kapitel geht es darum, in welchem Zeichen der Mond zum Zeitpunkt Ihrer Geburt stand. Denn der Mond ist in der Astrologie neben der Sonne das bedeutsamste Gestirn.

Mondzeichen

Der Mond

»Au clair de la lune,
mon ami Pierrot,
prête-moi ta plume,
pour écrire un mot.
Ma chandelle est morte,
je n'ai plus de feu.
Ouvre-moi ta porte
pour l'amour de Dieu.«

Im Schein des Mondes,
mein Freund Pierrot,
leih mir deine Feder,
um ein Wort zu schreiben.
Meine Kerze ist aus,
ich habe kein Feuer mehr.
Öffne mir deine Türe
um der Liebe Gottes willen.

Französisches Volkslied

In einem Schöpfungsmythos heißt es, der Mond sei ein Kind der Erde. Ein anderer beschreibt ihn als Teil unseres Planeten, den dieser aus sich herausgerissen und in den Himmel geschleudert habe, um damit Raum für das Wasser der großen Ozeane zu schaffen: Und dieses Wasser brachte der Erde Fruchtbarkeit. Zu letzterer Geschichte würde passen, daß das Volumen des Mondes, großzügig bemessen, etwa so groß ist wie der Raum, den alle Meere zusammen einnehmen. Doch schon die frühesten Analysen von Mondgestein ergaben, daß Mond und Erde wegen des signifikanten Unterschieds der Beschaffenheit eine andere Entstehungsgeschichte haben müssen.

In allen Mythen, Geschichten und Erzählungen über den Mond wird er als weiblich, die Sonne hingegen als männlich gesehen. In den romanischen Sprachen setzt sich diese Tradition im grammatischen Geschlecht fort: So heißen Mond und Sonne beispielsweise im Italienischen *la luna* und *il sole* und im Französischen *la lune* und *le soleil.*

Von einem Vollmond bis zum nächsten verstreichen 28 Tage. Genauso lange dauert der Zyklus einer Frau. Schon dadurch ist die Beziehung zwischen Weiblichkeit und Mond überdeutlich: Die Sonne wird mit dem Männlichen assoziiert, der Mond mit dem Weiblichen.

Sonne	**Mond**
männlich	weiblich
Vater	Mutter
direkt	indirekt
ausstrahlend	empfangend
Verstand	Gefühl
aktiv	passiv
bestimmend	sorgend
logisch	intuitiv

Auch in der Astrologie verkörpert die Sonne zunächst einmal den Mann und der Mond die Frau. Die Frau ist ihrem Mond näher als ihrer Sonne.

Nehmen wir als Beispiel eine Dame mit der Sonne im Widder (also dem Tierkreiszeichen Widder) und dem Mond im Krebs. Sie wird sich nicht richtig verstanden fühlen, wenn sie in einem Astrologiebuch über ihr Tierkreiszeichen Widder liest, sie sei dynamisch, rücksichtslos, spontan, selbstsicher. Erfährt sie jedoch dann, was über den Mond im Krebs geschrieben steht – gefühlvoll, häuslich, anhänglich, fürsorglich –, wird sie sich sofort wiedererkennen. Mit anderen Worten: Eine Frau müßte eigentlich bei ihrem Mondzeichen nachlesen und nicht bei ihrem Sonnen- bzw. Tierkreiszeichen. Die gängige Astrologie ist offenbar stark am Mann orientiert: Ein Sonnen- oder Tierkreiszeichen-Horoskop findet man beinahe in jeder Zeitung, das Mondzeichen-Horoskop hingegen in kaum einer einzigen – was aber natürlich auch daran liegen dürfte, daß das Mondzeichen für den Leser schwieriger als das Sonnenzeichen zu ermitteln ist.

Je eher eine Frau jedoch ihre traditionelle Rolle verändert, nicht mehr nur Mutter und Hausfrau ist, sondern »ihren Mann steht«, um so mehr wird sie auch ihre Sonne leben. Allerdings wäre es jetzt wiederum völlig falsch, ihren Mond unberücksichtigt zu lassen.

Eine bewußte und emanzipierte Frau schöpft idealerweise aus Sonne und Mond: Führungsaufgaben, die von Männern in der Regel hierarchisch-gebieterisch gelöst werden, gehen Frauen meist anders an – sie lassen mehr Nähe (Mond) zu und können ihre Mitarbeiter dadurch viel besser motivieren. Auch bei Entscheidungen sind Frauen, die sowohl Logik (Sonne) als auch Intuition (Mond) zulassen können, Männern – wenn letztere sich denn nur »nach der Sonne richten« – um ein beträchtliches überlegen.

Sind bei einer Tätigkeit die dem Mond zugeschriebenen Eigenschaften beteiligt, fühlt man sich wohl, zu Hause, geborgen, mit sich stimmig. Darüber hinaus gibt es viele Bereiche, in denen mit Gefühl, Intuition, Geschmack, Ahnung, Atmosphäre und Stimmigkeit besser und erfolgreicher gearbeitet werden kann. Man denke nur an Kunst, Politik und das Heilen. Aber auch in der Wirtschaft müssen immer wieder Entscheidungen getroffen werden, bei denen man nichts in der Hand hat als eben ein gutes bzw. ein schlechtes Gefühl.

Um »Ihren persönlichen Mond« zu finden, gehen Sie nach der folgenden Beschreibung vor:

A Entnehmen Sie Ihre Jahres-Monatszahl der *Tabelle 1*:

Jahr*	März	April	Jahr	März	April	Jahr	März	April
1920	115	167	1948	236	282	1976	347	32
1921	249	294	1949	358	45	1977	118	155
1922	10	55	1950	121	171	1978	238	292
1923	138	188	1951	256	309	1979	18	67
1924	288	339	1952	46	92	1980	157	201
1925	59	103	1953	168	213	1981	278	325
1926	180	226	1954	291	341	1982	51	104
1927	306	359	1955	69	121	1983	188	237
1928	100	150	1956	214	262	1984	327	12
1929	229	273	1957	339	24	1985	88	136
1930	350	37	1958	101	142	1986	223	276
1931	117	170	1959	241	293	1987	359	46
1932	272	321	1960	26	71	1988	138	182
1933	38	82	1961	149	194	1989	258	306
1934	161	208	1962	272	323	1990	34	88
1935	288	341	1963	53	105	1991	168	217
1936	84	132	1964	196	241	1992	307	352
1937	208	252	1965	319	5	1993	69	118
1938	331	19	1966	83	135	1994	207	260
1939	99	153	1967	225	276	1995	340	27
1940	255	302	1968	6	51	1996	118	162
1941	18	61	1969	129	175	1997	240	290
1942	141	190	1970	255	307	1998	18	71
1943	272	325	1971	36	87	1999	151	197
1944	65	112	1972	176	221	2000	288	332
1945	188	232	1973	298	345	2001	51	102
1946	311	1	1974	66	120	2002	191	243
1947	84	136	1975	207	257	2003	322	8

B Entnehmen Sie Ihre Tageszahl aus *Tabelle 2*:

Tag	Zahl	Tag	Zahl	Tag	Zahl
1.	0	11.	132	21.	265
2.	13	12.	145	22.	278
3.	26	13.	159	23.	291
4.	40	14.	172	24.	304
5.	53	15.	185	25.	317
6.	66	16.	199	26.	331
7.	79	17.	212	27.	344
8.	92	18.	225	28.	357
9.	105	19.	238	29.	11
10.	119	20.	252	30.	24
				31.	37

C Entnehmen Sie die Stundenzahl aus *Tabelle 3*:

Geboren um	Punkte	Geboren um	Punkte
0–2 Uhr	–6	12–14 Uhr	+1
2–4 Uhr	–5	14–16 Uhr	+2
4–6 Uhr	–4	16–18 Uhr	+3
6–8 Uhr	–3	18–20 Uhr	+4
8–10 Uhr	–2	20–22 Uhr	+5
10–12 Uhr	–1	22–24 Uhr	+6

Ohne Geburtszeit beträgt die Stundenzahl 0.

* Sämtliche Planetentabellen beginnen mit dem Jahr 1920. Das bedeutet jedoch in gar keiner Weise, daß ältere Leser nicht angesprochen werden sollten. Aber irgendwo muß einfach ein Schnitt gezogen werden. Älteren Lesern wird empfohlen, sich ihre Planetenpositionen anhand eines Geburtshoroskops berechnen zu lassen (siehe Info am Ende dieses Buches).

Beispiel: Geburtstag am 15. April 1954, -zeit 8.08 Uhr:

A	Jahres-Monatszahl		341
B	Tageszahl		185
C	Stundenzahl		– 2
Summe			524
wenn über		360 (–360)	360
Summe total			164

Das Mondzeichen lautet Jungfrau. Für dieses Beispiel kommt also der Text »Mond in der Jungfrau« in Frage. Ergibt sich ein doppeltes Mondzeichen (zum Beispiel Widder/Stier), können beide Textabschnitte richtig sein.

Hier können Sie Ihren persönlichen Mond bestimmen:

A	Jahres-Monatszahl		______
B	Tageszahl		______
C	Stundenzahl		______
Summe			______
wenn über		360 (–360)	______
Summe total			______

Die Auswertung:

Total	Mond im Zeichen
9–20	Widder
21–38	Widder/Stier
39–50	Stier
51–68	Stier/Zwillinge
69–80	Zwillinge
81–98	Zwillinge/Krebs
99–110	Krebs
111–128	Krebs/Löwe
129–140	Löwe
141–158	Löwe/Jungfrau
159–170	Jungfrau
171–188	Jungfrau/Waage
189–200	Waage
201–218	Waage/Skorpion
219–230	Skorpion
234–248	Skorpion/Schütze
249–260	Schütze
261–278	Schütze/Steinbock
279–290	Steinbock
291–308	Steinbock/Wasserm.
309–320	Wassermann
321–338	Wassermann/Fische
339–350	Fische
351–8	Fische/Widder

Ihr persönliches Mondzeichen lautet ______________________

DIE MONDZEICHEN DER WIDDER

Wenn Sie Ihr Mondzeichen herausgefunden haben, können Sie nun ähnlich wie beim Aszendenten im folgenden etwas darüber erfahren, was es über Ihre Persönlichkeit aussagt (siehe auch die Vorbemerkung am Beginn von Teil II dieses Buches). Haben Sie ein doppeltes Zeichen ermittelt, lesen Sie wieder am besten nach, was über beide Zeichen geschrieben steht – Sie erkennen dann wie gesagt sicher schon, welches das zutreffendere ist. Im Zweifelsfall können Sie sich aber auch ein genaues Horoskop errechnen lassen (siehe Info am Ende des Buches).

Mond im Widder – FEURIG

Mondstärken Gern etwas unternehmen. Direktheit, Selbständigkeit, Ichhaftigkeit. Suche nach eigenständiger Wirksphäre. Intensives Phantasieleben. Musikalische oder bildnerische Begabung. Unkonventionelle berufliche Wege einschlagen. Ideenträger sein. Erspüren von Macht
Mondschwächen Aggressivität. Spannung

Sie sind ein außergewöhnlich reizender Mensch, wirken jung, unschuldig, unkompliziert, und ein entwaffnender Charme nimmt Ihrem Angriff jeden Stachel. Sie äußern sich sofort, wenn Ihnen etwas nicht paßt. Diplomatie zählt nicht zu Ihren Stärken. Sie geben sich unverstellt und haben Ihr Herz am rechten Fleck. Sie können aber auch, und das erstaunt bei Ihnen, sehr empfindlich sein. Versucht man, Ihre Angriffe zu parieren, reagieren Sie mit so großer Betroffenheit, daß man seine eigene Rage schnell wieder vergißt. Am schlechtesten ertragen Sie, wenn Sie übersehen werden: Ohne Erfolgserlebnisse wandeln Sie sich trotz Ihres feurigen Widdermonds in ein Lamm, das resigniert auf bessere Zeiten wartet.

Ihre Liebesfähigkeit: Wer Sie liebt, lebt im siebten Himmel oder in der zehnten Hölle. Andere Varianten des Daseins gibt es für Sie kaum. Mit Ihnen kann man reisen, jeden Sport treiben und jederzeit ein gemeinsames Geschäft eröffnen. Eine Person, die zu Hause geduldig auf ihren Allerliebsten wartet, sind Sie aber gewiß nicht.

Mond-Check

Wie weiblich macht mich mein Mond? Nicht besonders stark. Widder ist ein sehr männliches Zeichen.

Wie mütterlich macht mich mein Mond? Sie sind der Typ »Kumpel zum Pferdestehlen«, aber kein ausgeprägter Muttertyp.

Wie gefühlvoll macht mich mein Mond? Sie sind sehr feurig.

Aber das bedeutet nicht, daß Sie besonders gefühlvoll sind.

Wie intuitiv macht mich mein Mond? Sie haben starke Ahnungen und Wahrträume.

Eine besondere Mondphase beim Mond im Widder: Neumond

Sie sind in der Neumondphase (zwei Tage vor bis zwei Tage nach Neumond) geboren. Sie sind damit ein besonderer Mensch. Denn in Ihnen ist eine große Sehnsucht nach inniger Nähe zu geliebten Menschen, die Sie in einer erfüllten Partnerschaft zu verwirklichen versuchen.

Füllest wieder Busch und Tal
Still mit Nebelglanz,
Lösest endlich auch einmal
Meine Seele ganz.

Johann Wolfgang von Goethe

Mond im Stier – ERDIG

Mondstärken Gern leben und genießen. Gefestigtes Gefühlsleben. Naturliebe. Musikalität (besonders Gesang). Sammelleidenschaft. Gutmütigkeit. Häuslichkeit. Geschmack. Praktische Begabung. Fühlen, was Sache ist. »Geld riechen«

Mondschwächen Antriebsarmut. Materialismus

Sie stehen mit beiden Füßen fest auf Mutter Erde, aber nur dort, wo etwas gedeiht. Sie handeln und denken praktisch und verlieren nie den finanziellen Aspekt aus den Augen. Über Geldmangel brauchen Sie jedenfalls nicht zu klagen. Denn wer den Mond im Stier hat, den beschenken auch die Sterne. Zudem sind Sie eine äußerst sinnliche Person. Und mit diesem Potential glänzen Sie nicht nur in der Liebe. Sie können beispielsweise phantastisch kochen.

Ihre Liebesfähigkeit: Eine hervorstechende Eigenschaft ist Ihr Mut. Sie folgen einem Partner in die Antarktis oder heiraten einen Zirkusartisten. Ausgefallenes oder Skurriles weckt Ihr Interesse und nicht selten Ihre Leidenschaft. Sie suchen einen richtigen Partner, weil Sie wissen, daß Sie auch allein leben könnten. Im anderen Lager stehen Sie daher hoch im Kurs. Sie beschwören einerseits den Traum von himmlischer Liebe, entsprechen aber gleichzeitig dem Wunsch nach einem sehr bodenständigen, praktischen Partner. Im Umgang mit Ihnen zählt Respekt. Auf Achtlosigkeit reagieren Sie zunächst höflich, dann kalt, und schließlich schwören Sie Rache – und führen sie aus.

Mond-Check

Wie weiblich macht mich mein Mond? Sie sind sehr weiblich; beinahe so etwas wie der Inbegriff von Weiblichkeit (so Sie eine Frau sind).
Wie mütterlich macht mich mein Mond? Sie haben gern Kinder und Familie.
Wie gefühlvoll macht mich mein Mond? Sie besitzen ein sehr natürliches und selbstverständliches Gefühlsleben.
Wie intuitiv macht mich mein Mond? Sie sind allen Geschöpfen der Natur sehr nah und beziehen aus der Natur Kraft und Intuition.

Mond in den Zwillingen – HEITER

Mondstärken Gern reden und kontaktieren. Vielseitigkeit, Ausdrucksfähigkeit, Kontakt- und Kommunikationsfreude. Schriftstellerische Begabung. Leichten Zugang zum Seelischen. Andere Menschen intuitiv erfassen. Sich gut darstellen können. Andere überzeugen können

Mondschwächen Oberflächlichkeit. Manipulation. Enttäuschungen

Mit Ihrem Zwillingemond sind Sie ein heiterer, fröhlicher Mensch, der sein Gefühlsleben prima im Griff hat. Besondere Talente besitzen Sie darin, andere zu unterhalten und zwischen Menschen zu vermitteln. Sie werden daher gern von solchen aufgesucht, die allein sind. Über Ihre Gefühle zu reden macht Ihnen keinerlei Probleme. Mit Unausgesprochenem, Erfühltem und Erahntem können Sie wenig anfangen. Das hilft Ihnen zwar, einen klaren Kopf zu bewahren. Aber es entgeht Ihnen auch etwas, nämlich die schöne Erfahrung, sich in Zusammenhänge eingebunden zu erleben, die den eigenen Verstand übersteigen. Sich einfach einmal von den Wogen der Gefühle mitreißen zu lassen und sich ihnen hinzugeben, das sollten Sie ausprobieren.

Ihre Liebesfähigkeit: Auch die Liebe nehmen Sie wie Ihr Leben: leicht und bunt und bar aller Ernsthaftigkeit. Einem Schmetterling gleich flattern Sie von einem Höhepunkt zum nächsten und, wenn sich die Gelegenheit ergibt, auch mal von einem Partner zum anderen. Ihre Unabhängigkeit ist Ihnen so wichtig, daß Sie lieber allein leben, als in einer engen Zweierbeziehung zu ertrinken (wie Sie es nennen). Sie brauchen Ihre Freiheit.

Mond-Check

Wie weiblich macht mich mein Mond? Das Zeichen Zwillinge ist ein männliches; entsprechend männlich sind auch Sie.

Wie mütterlich macht mich mein Mond? Sie sind absolut kein »Muttertyp«.

Wie gefühlvoll macht mich mein Mond? Sie haben schwer Zugang zu tiefen Gefühlen.

Wie intuitiv macht mich mein Mond? Sie sind sehr intuitiv und berühren leicht Seelisches.

Mond im Krebs – GEFÜHLVOLL

Mondstärken Gern für andere dasein. Die Umwelt atmosphärisch erfassen. Erlebnistiefe. Seelische Beeindruckbarkeit. Naturverbundenheit. Starke unbewußte Kräfte. Mütterlichkeit. Häuslichkeit. Starkes Innenleben. Einfühlungsgabe. Weibliche Logik. Telepathische Fähigkeiten

Mondschwächen Täuschungen. Sich im Unbegriffenen verstricken. Probleme durch gespannte Mutterbeziehung

Sie können scherzen wie ein übermütiges Kind und die Welt mit glänzenden Augen betrachten. Sie können aber auch stumm, scheu, in sich gekehrt, abwesend und wie von einem unsichtbaren Panzer umgeben erscheinen. Wer den Mond im Krebs hat, verändert sich mit dem Wandel dieses Trabanten. Wird seine Sichel schmäler, ziehen Sie sich zurück. Nähert er sich jedoch seiner vollen, strahlenden Gestalt, wächst auch Ihr Mut. Streß und Druck versetzen Sie in Panik. Sie erledigen dann zwar Ihre Arbeit, aber von Ihrer Genialität bleibt wenig übrig.

Ihre Liebesfähigkeit: Die Liebe beherrschen Sie am vollkommensten. Sie sind anschmiegsam und lieben das Behagliche und auch Beharrliche. Um der Liebe willen würden Sie selbst am Nordpol leben; und auch dort wird es dann fein und kuschelig. Natürlich hat soviel Hingabe ihren Preis: Menschen mit dem Mond im Krebs wollen ihren Partner ganz und immer. Kompromisse gibt es nicht.

Mond-Check

Wie weiblich macht mich mein Mond? Der Krebsmond macht Sie extrem weiblich.

Wie mütterlich macht mich mein Mond? Eigene Kinder und eine Familie, für die Sie sorgen können, gehören zum Wichtigsten in Ihrem Leben.

Wie gefühlvoll macht mich mein Mond? Sie haben ein sehr starkes Gefühlsleben.

Wie intuitiv macht mich mein Mond? Ihre Träume und Ihre Intuition haben große Tiefe. Sie verfügen außerdem über große heilerische Fähigkeiten.

Mond im Löwen – STOLZ

Mondstärken Sich gern darstellen. Selbstvertrauen haben. Verantwortung übernehmen können. Künstlerische Kreativität. Ausdruckskraft. Sich für Schwächere einsetzen. Gerechtigkeitsempfinden. Unternehmungsgeist und Risikofreude. Schauspielerische Talente. Andere positiv motivieren können. Repräsentieren können

Mondschwächen Autoritätsprobleme mit weiblichen Vorgesetzten. Anlage zu Theatralik und Cholerik

Sie zeichnen sich durch einen superben Geschmack und eine untrügliche Nase für das Echte aus, sind vital, schöpferisch, originell, und Sie besitzen ein Herz aus purem Gold. In gewisser Weise ähneln Sie ganz dem Löwen, dem König unter den Tieren; auch in Ihren Adern fließt freies, ja königliches Blut. Die Beziehung zum Feuerelement ist ausgesprochen stark. Feuer, Wärme, Sonne sind Ihr Lebenselixier. Sie müssen daher immer wieder in den Süden, um Hitze aufzutanken.

Ihre Liebesfähigkeit: Wer mit Ihnen lebt, muß über ein Thema erhaben sein: Gleichberechtigung. Eine Frau oder ein Mann mit dem Mond im Löwen führen an und bestimmen den Ton. Dafür besitzt man in Ihnen einen Schatz, eine lächelnde Sonne, einen Menschen, der auf der angenehmen und erfolgreichen Seite des Lebens geht. Da muß Ihr Partner schon diesen Einsatz bringen ...

Mond-Check

Wie weiblich macht mich mein Mond? Löwemond-Menschen sind feurig und stark.

Wie mütterlich macht mich mein Mond? Sie spielen gern Mutter und verwöhnen andere.

Wie gefühlvoll macht mich mein Mond? Sie haben spontane, feurige Gefühle, verlieren sie aber auch schnell wieder.

Wie intuitiv macht mich mein Mond? Licht und Wärme nährt Ihre Intuition und führt zu großer Kreativität und Schöpferkraft.

Mond in der Jungfrau – FRÖHLICH

Mondstärken Gern organisieren, ordnen, ausführen. Fähigkeit zu gewissenhafter Prüfung. Hochentwickelter Sozialgedanke. Gespür für alle Bereiche, die mit Gesundheit zu tun haben. Zugang zu geheimem Wissen. Feines Gespür. Pflichtgefühl. Konzentrationsfähigkeit. Bewußtsein für Ernährung

Mondschwächen Ungelebte Emotionen manifestieren sich als psychosomatische Störungen

Sie sind äußerst anpassungsfähig. Sie stellen sich nur ungern gegen den Wind, »floaten« lieber und richten sich wie ein leichter Segler nach sanften Brisen. Sie drängeln auch nicht nach vorn. Bescheidenheit gehört zu Ihrem Naturell, und gegen jede Art von Hochstapelei sind Sie richtiggehend allergisch.

Ihre Liebesfähigkeit: Sie haben ein ausgesprochen fröhliches Naturell und trachten danach, Ihr eigenes Leben und das Ihres Partners so angenehm wie möglich zu gestalten. Aus allem das Beste zu machen, darin sind Sie sogar ein unübertroffener Meister. Ihre eigene Stimmung ist oft abhängig von der Ihres Partners. Fühlt er sich glücklich, sind Sie es auch. Was Ihre Treue anbelangt, sind Sie das Spiegelbild Ihres Partners: Was er sich leistet, leisten Sie sich auch. Selten brechen Sie als erste(r) aus. Geschieht es dennoch, ist das garantiert ein Zeichen dafür, daß der Energiefluß zwischen Ihnen und Ihrem Partner nicht mehr stimmt.

Mond-Check

Wie weiblich macht mich mein Mond? Eher mädchenhaft als weiblich (und burschikos beim Mann). Jungfrau ist ein weibliches Zeichen, und entsprechend weiblich sind Sie auch selbst.

Wie mütterlich macht mich mein Mond? Sie können die Aufgaben einer Mutter erfüllen, fühlen sich aber eher zu etwas anderem berufen.

Wie gefühlvoll macht mich mein Mond? Gefühlen gegenüber sind Sie eher mißtrauisch.

Wie intuitiv macht mich mein Mond? Die Natur ist Ihre große Lehrmeisterin. Sie können durch Wissen und Ihre heilenden Gaben ein Segen für andere Menschen werden.

Frau Mond schenkt Geborgenheit, Fruchtbarkeit und Intuition

Mondstärken Andere spüren können. Gern unter Leuten sein. Kontaktfreude. Sinn für Ästhetik, Kunst, Schönheit. Verbindend und ausgleichend sein. Gerechtigkeitsliebe
Mondschwächen Sich schlecht entscheiden können. Allein unsicher sein. Antriebsarmut. Überempfindlichkeit

In Ihrer gefühlsmäßigen Stimmung richten Sie sich stark nach der Zuneigung und Sympathie Ihrer Mitmenschen. Ihr großes Bedürfnis nach Harmonie und Ihr Widerwille gegen Streit und Konfrontation kann Sie allerdings dazu verleiten, bestehende Differenzen der äußeren Form zuliebe nicht wahrhaben zu wollen. Das Aushalten und Akzeptieren von derartigen Ecken und Kanten im Leben bringt Sie einer ganzheitlichen Lebenserfahrung näher. Menschen, die selber nicht so ausgeprägt beziehungsorientiert sind, fühlen sich von Ihnen oft angezogen. Nach außen hin wirken Sie stark. Kennt man Sie aber näher, entdeckt man eine sensible Seele, Kinderträume und eine starke Suche nach Harmonie. Sie sind für die hübsche Seite des Lebens geboren. Mit der täglichen Routine hingegen haben Sie Ihre liebe Not.

Ihre Liebesfähigkeit: Sie sind der hingebungsvollste, einfühlsamste, zarteste, bezauberndste Mensch. Trotzdem zweifeln Sie immer zuerst an sich selbst, wenn Disharmonie aufkommt, und geben sich die Schuld an einer gescheiterten Beziehung. Hier sollten Sie lernen, sich stärker abzugrenzen und ruhig etwas egoistischer zu denken.

Mond-Check

Wie weiblich macht mich mein Mond? Er macht Sie zärtlich, einfühlsam und weiblich, jedoch nicht zu weiblich.
Wie mütterlich macht mich mein Mond? Sie können sich Kindern gegenüber schlecht durchsetzen.
Wie gefühlvoll macht mich mein Mond? Sie mögen Stimmungen, haben aber Probleme mit starken Emotionen.
Wie intuitiv macht mich mein Mond? Sie sind sehr sensibel und ungeheuer phantasievoll.

Eine besondere Mondphase beim Mond in der Waage: Vollmond

Sie sind in der Vollmondphase (zwei Tage vor bis zwei Tage nach dem Vollmond) geboren und damit ein besonderer Mensch. Denn Sie tragen in sich die lebendige Spannung zwischen Mann und Frau am deutlichsten. Das führt zu einem reichen und faszinierenden Beziehungsleben. Es kann aber auch große Konflikte für Partnerschaft und Liebe bringen.

Schau, der goldene Mond dort:
Er ißt Pomeranzen,
Schalen, die er fortwirft,
auf dem Wasser tanzen.

Spanischer Kinderreim

Mond im Skorpion – LEIDENSCHAFTLICH

Mondstärken Hinterfragen und aufdecken.
Im Krisenfall stark werden. Verantwortung übernehmen.
Okkulte, hellseherische, magische Fähigkeiten.
Mit suggestiver Ausstrahlung andere beeindrucken
Mondschwächen Ungelöste Familienproblematiken.
Von der Mutter nicht loskommen. Subtile Herrschsucht

Im Umgang mit Ihren Mitmenschen legen Sie oft eine gewisse Heftigkeit und Unberechenbarkeit an den Tag. Es ist daher für viele nicht leicht, die Motive Ihrer Handlungen nachzuvollziehen. So schwanken manche zwischen Bewunderung und Ablehnung. Man spürt, daß man sich auf große Intensität und Gefühlstiefe einläßt, wenn man eine Beziehung mit Ihnen eingeht. So ist Ihr Lebensstil weniger von äußerlicher Bequemlichkeit geprägt als von Entschlossenheit und Konsequenz.

Ihre Liebesfähigkeit: Ihr Seelenleben quillt über an Emotionen. Höchste Ekstase, teuflische Eifersucht, schmachtendes Sehnen, unüberbietbarer Sex, kosmische Vereinigung – es ist nahezu alles dabei. Darüber hinaus reagieren Sie allergisch auf jede Spur von Routine. Ein Leben mit Ihnen bleibt immer aufregend, und zugleich hat man einen Menschen an seiner Seite, der erst in Krisen richtig stark wird. Eines sollten Ihre Weggefährten noch beherzigen: Sie verzeihen alles, aber vergessen nichts. Wer daher grob Absprachen bricht, erhält, was ein Skorpion nur im äußersten Notfall produziert: martialisches Gift.

Mond-Check
Wie weiblich macht mich mein Mond? Sie besitzen große weibliche Kräfte.
Wie mütterlich macht mich mein Mond? Sie sind eine gute Mutter – auch als Mann.
Wie gefühlvoll macht mich mein Mond? Extrem gefühlvoll und leidenschaftlich.
Wie intuitiv macht mich mein Mond? Sie sind offen für magische Schwingungen und haben manchmal Visionen.

Mond im Schützen – UNABHÄNGIG

Mondstärken Optimistisch, motivierend, begeisterungsfähig, vielseitig. Schauspielerische Begabung. Rhythmus- und Musikgefühl. Im Ausland leben können. Schriftstellerische Talente. Sportliche Fähigkeiten und Interessen
Mondschwächen Überzogene Führungsansprüche. Blauäugigkeit. Naivität

Aus einer meistens optimistischen und lebensbejahenden Grundstimmung heraus lassen Sie sich leicht begeistern und mitreißen. Sie haben hohe Ansprüche und Ideale an sich selbst, aber auch an diejenigen Menschen, die Sie umgeben. Dabei kann es Ihnen passieren, daß Sie leicht einmal ins Schwärmen kommen, den Kontakt mit der konkreten Wirklichkeit verlieren und in Schwierigkeiten geraten. Ihr grundsätzlicher Optimismus bewahrt Sie aber davor, in Problemen zu versinken. Zwischen Hoffnung und Erfüllung lebend, entwachsen Sie nie ganz dem kindlichen Land Phantasia und suchen in der Welt die Erfüllung Ihrer Träume. Am stärksten werden Sie, wenn es darum geht, andere zu überzeugen und mitzureißen.

Ihre Liebesfähigkeit: Zuallererst brauchen Sie einen Partner, der Ihre Unabhängigkeit bewundert und Sie nicht einengt. Zweitens darf Ihr Partner nicht narzißtisch sein, denn Sie sind schonungslos offen; er muß die Wahrheit schon ertragen können. Drittens braucht Ihr Partner geistige Größe (Sie haben Sie schließlich auch), denn für Sie ist Liebe viel mehr als eine Bettgeschichte, nämlich ein Zusammentreffen von Körper, Geist und Seele.

Mond-Check
Wie weiblich macht mich mein Mond? Auch als Frau stehen Sie leicht Ihren Mann.
Wie mütterlich macht mich mein Mond? Sie haben etwas gegen zuviel Mütterlichkeit.
Wie gefühlvoll macht mich mein Mond? Sie sind feurig, ekstatisch – aber nicht gerade gefühlvoll.
Wie intuitiv macht mich mein Mond? Sie verfügen über eine große Intuition und Seelenstärke.

Mond im Steinbock – SELBSTÄNDIG

Mondstärken Klares Gefühlsleben. Selbstbeherrschung und Pflichtbewußtsein. Streben nach Objektivität und Klarheit. Ernsthaftigkeit. Liebe zu Beruf und Karriere. Suche nach sozialer oder politischer Verantwortung

Mondschwächen Sich selbst zu negativ sehen. Abhängigkeit von beruflichem Erfolg. Gefühlskontrolle

Der erste Eindruck von Ihnen ist oft der eines kühlen Menschen. Aber unter dem Hauch von Frostigkeit wartet ein warmes, anschmiegsames Geschöpf. Ihre weiche Seele zeigen Sie jedoch nur denjenigen, die Ihren hohen Ansprüchen genügen. Ihr Leben nehmen Sie selbst in die Hand. Sie brauchen einen Beruf und keinen Job und sollten daher eine qualifizierte Ausbildung anstreben. Diese wird sich auszahlen, denn mit dem Mond im Steinbock haben Sie die richtigen Voraussetzungen für Erfolg und Karriere.

Ihre Liebesfähigkeit: Die Behauptung, Sie seien abweisend und kalt, stammt garantiert von Personen, die bei Ihnen nicht landen konnten. Sie jedenfalls suchen auch beim Thema Liebe das Besondere, möchten auch hier Gipfel erleben. Aber Sie haben Ihre Gefühle im Griff, stehen über ihnen und mögen es nicht, wenn Menschen sich von den Launen ihrer Gefühle abhängig machen. Große Taten vollbringen Sie selbst, an Ihrem Traumpartner reizt Sie das andere; Sie erwarten Seelentiefe und – ganz im Gegenteil zu sich selbst – ein fast kindliches Gemüt. Auch das Rätselhafte übt einen magnetischen Einfluß auf Sie aus.

Mond-Check

Wie weiblich macht mich mein Mond? Sie sind sehr weiblich, auch ohne es nach außen hin deutlich zu zeigen.

Wie mütterlich macht mich mein Mond? Auch Ihre Mütterlichkeit ist ausgeprägt. Aber Sie wollen ebenso Karriere machen.

Wie gefühlvoll macht mich mein Mond? Sie verdrängen unliebsame Gefühle, was diese nur noch stärker macht.

Wie intuitiv macht mich mein Mond? Sie haben Zugang zu Wahrträumen.

Mond im Wassermann – FREI

Mondstärken Sozial, human, aufgeschlossen. Ungebunden. Veränderungsliebe. Reisefreude. Erfindungsgabe. Intuitionskraft. Vorurteilslosigkeit. Reformwillen
Mondschwächen Zwanghaft antiautoritäres Denken und Handeln. Verwirrtheit

Wenn Sie wollen, beherrschen Sie die feinsten gesellschaftlichen Umgangsformen, aber Sie können auch gegen jede Regel verstoßen. Jedenfalls sind Sie stets für eine Überraschung gut und lassen sich nicht in Normen pressen. Sie wollen, ja, müssen anders sein als alle anderen. Eine kreative Tätigkeit entspricht Ihrer Veranlagung. Dagegen werden Sie mit dem Frust, den das Leben bringt, schlecht fertig. Allem Neuen gegenüber zeigen Sie sich enthusiastisch. Aber Ihr Interesse erlischt auch schnell wieder. Sie müssen daher lernen, am Ball zu bleiben.

Ihre Liebesfähigkeit: Ihr Liebesleben ist widersprüchlich. Auf der einen Seite spielen Sie mit dem Feuer, haben das Flirten für Ihr Leben gern und sind bereit, sich auch in eine aussichtslose Beziehung einzulassen, wenn diese nur genügend Aufregung verspricht. Auf der anderen Seite können Sie völlig ohne Sexualität auskommen. Das liegt daran, daß Sie mit dem Mond im Wassermann hohe und ausgesprochen idealistische Ansprüche an die Liebe stellen. Tief in Ihrer Seele empfinden Sie sich als Engel und streben nach einer geistigen, beinah überirdischen Liebe, bei der das Körperliche nur noch eine Nebenrolle spielt.

Mond-Check
Wie weiblich macht mich mein Mond? Der Wassermannmond hebt Sie beinahe über die Unterscheidung männlich–weiblich: Beide Seiten sind Ihnen sehr vertraut.
Wie mütterlich macht mich mein Mond? Sie sind der beste Gefährte und Freund aller Kinder, aber absolut kein Muttertyp.
Wie gefühlvoll macht mich mein Mond? Tiefen Gefühlen gegenüber sind Sie mißtrauisch.
Wie intuitiv macht mich mein Mond? Sie haben häufig Offenbarungsträume, in denen Sie Hinweise für Ihren Lebensweg erhalten.

Mond in den Fischen – MYSTERIÖS

Mondstärken Mediale Fähigkeiten. Heilerische Qualitäten. Kraft durch Glauben. Sensibilität beruflich nutzen können (zum Beispiel als Heilpraktiker). Liebe für andere, Liebe zur Schöpfung. Sich auf instinkthaftes Gespür verlassen können

Mondschwächen Wirre Phantasievorstellungen. Unsicherheit. Bindungslosigkeit

Sie sind vielschichtig und widersprüchlich: Sie können in einer Woge des Mitgefühls für die gesamte Schöpfung schwimmen, aber manchmal stehen Sie abgehoben und einsam über dem Rest der Welt. Sie verfügen über feinste Antennen, erahnen sogar die Gedanken anderer, und dann wieder stapfen Sie bereitwillig in jedes nur erdenkliche Fettnäpfchen. Ihre Intuition ist ungeheuer. Manche unter Ihnen ahnen in ihren Träumen zukünftige Ereignisse voraus. Auch als Heiler und Helfer vollbringen Sie beinahe Wunder. Wie mit einem sechsten Sinn behaftet, spüren Sie, was einem anderen fehlt. Sie müssen sich aber auch schützen, denn Sorgen und Probleme springen nur allzu leicht von anderen auf Sie selbst über.

Ihre Liebesfähigkeit: Es ist leicht, sich in Sie zu verlieben, denn Sie locken und verführen mit einem sphinxartig-unergründlichen Wesen. Jeder fühlt sich verstanden und erlöst von seiner Einsamkeit. Die Partnerschaft mit Ihnen ist jedoch eine ganz andere Sache. Wer sie eingeht, beherrscht früher oder später die Quadratur des Kreises. Sie sind nicht nur ein schillerndes und anmutiges, sondern auch ein äußerst widersprüchliches Geschöpf. Hält Ihr Partner dies aus, werden Sie ihm aber viel Glück, Freude und Segen bringen.

Mond-Check

Wie weiblich macht mich mein Mond? Sie sind äußerst weiblich, können diese Seite aber auch vollkommen verstecken und verdrängen.
Wie mütterlich macht mich mein Mond? Sie fühlen sich als Mutter der gesamten Schöpfung.
Wie gefühlvoll macht mich mein Mond? Sie sind ungeheuer gefühlvoll.
Wie intuitiv macht mich mein Mond? Unter allen Mondstellungen sind Sie am intuitivsten.

Das Merkurhoroskop – SCHLAU, KOMMUNIKATIV UND GÖTTLICH BERATEN SEIN

Der römische Gott Merkur entspricht ganz dem Hermes der griechischen Mythologie. Er war ein äußerst schillernder Gott, ausgestattet mit zahlreichen Eigenschaften und Funktionen. Respekt und Bewunderung erwarb er sich durch Klugheit und Raffinesse. So stahl er – gerade erst als Sohn des Jupiter und der Nymphe Maia geboren – dem Gott Apoll eine Rinderherde. Von diesem zur Rede gestellt, spielte er auf einem mit Fell und Saiten versehenen Schildkrötenpanzer derart gekonnt auf, daß Apolls Zorn verflog und er ihm die Rinder im Tausch gegen das Musikinstrument überließ. »Ganz nebenbei« hatte Merkur auf diese Weise die Lyra »erfunden«, jenes zauberhafte Instrument, mit dem später Orpheus Menschen wie Götter verzauberte.

Gott Merkur war also klug und listig – und genau diese Fähigkeit verleiht er auch uns Menschen. Er macht beredt, erfinderisch und verhilft einem auch mal zu einer guten Ausrede. Seiner listigen Eigenschaften wegen wurde er zum Gott der Kaufleute, Diebe und Bänkelsänger. Seine Fröhlichkeit machte ihn zum Schutzpatron all derjenigen, die auf heiteren Wegen wandeln. Und sein Diebstahl der Kühe ließ ihn selbstredend zum Gedeihen der Viehherden beitragen. Infolge seiner Lust am Reden und seines Talents, sich allemal in ein günstiges Licht zu setzen, wurde er der göttliche Freund all derer, die viel sprechen, schreiben und auf der Bühne stehen: Dichter, Sänger, Schauspieler, Politiker, Talkmaster, Ansager, Komiker, Artisten oder Musiker. Wie wir denken, reden, kommunizieren, uns darstellen und uns verkaufen, das alles verrät die Position Merkurs in unserem Horoskop. Er verkörpert unsere unbeschwerte Seite und den leichtesten Weg, den man gehen kann.

Aber Merkur hat noch mehr auf Lager: Bei den Griechen galt er als Diener Jupiters und als Götterbote, der zwischen dem Olymp, dem Wohnort der Unsterblichen, und den Menschen drunten auf der Erde vermittelte. Und er begleitete auch die Seelen der Verstorbenen in die Unterwelt. Er besaß geflügelte Sandalen und einen geflügelten Hut, damit er rasch hin und her eilen konnte. Ein weiteres Attribut war sein Heroldsstab, der Kerykeion, ein Zauberstab.

Hermes überbrachte also den Willen seines Vaters Zeus. So führte er zum Beispiel in dessen Auftrag Hera, Athene und Aphrodite zum Idagebirge, wo Paris den goldenen Apfel der – seiner Wahl nach – schönsten der Frauen überreichen sollte. Seine Entscheidung für Aphrodite, die ihm dafür Helena versprochen hatte, löste später bekanntlich den Trojanischen Krieg aus.
Tatsächlich fungiert Merkur auch in der Astrologie als eine Art »Empfangs- und Sendestation«. Wo er sich in unserem Horoskop befindet, sind uns die Götter besonders nah und übermitteln uns ihre Botschaften und Nachrichten. Umgekehrt können wir dort die Götter am ehesten erreichen.
Merkur ist der sonnennächste Planet. Er zieht seine Kreise um unser Zentralgestirn so eng, daß er sich nie mehr als ein Zeichen von der Sonne entfernen kann. Das führt auch dazu, daß in vielen Horoskopen Merkur die gleiche Tierkreiszeichenposition einnimmt wie die Sonne.

DIE ERMITTLUNG DES MERKURZEICHENS

Suchen Sie in der folgenden Merkurtabelle Ihren Geburtstag und entnehmen Sie Ihre Merkurposition, die Sie auf den entsprechenden Text im anschließenden Kapitel über Ihr Merkurzeichen verweist. (Siehe auch die Vorbemerkung am Beginn von Teil II dieses Buches.)

Die Merkurtabelle

1920* 20.3.–17.4. Fische, 18.4.–21.4. Widder, **1921** 20.3.–13.4. Fische, 14.4.–21.4. Widder, **1922** 20.3.–6.4. Fische, 7.4.–21.4. Widder, **1923** 20.3.–29.3. Fische, 30.3.–13.4. Widder, 14.4.–21.4. Stier, **1924** 20.3. Fische, 21.3.–4.4. Widder, 5.4.–21.4. Stier, **1925** 20.3.–1.4. Widder, 2.4.–15.4. Stier, 16.4.–21.4. Widder, **1926** Widder, **1927** 20.3.–16.4. Fische, 17.4.–21.4. Widder, **1928** 20.3.–10.4. Fische, 11.4.–21.4. Widder, **1929** 20.3.–3.4. Fische, 4.4.–18.4. Widder, 19.4.–21.4.

* Siehe auch die Anmerkung zur Mondtabelle.

Stier, **1930** 20.3.–26.3. Fische, 27.3.–9.4. Widder, 10.4.–21.4. Stier, **1931** 20.3.–2.4. Widder, 3.4.–21.4. Stier, **1932** Widder, **1933** 20.3.–25.3. Widder, 26.3.–16.4. Fische, 17.4.–21.4. Widder, **1934** 20.3.–14.4. Fische, 15.4.–21.4. Widder, **1935** 20.3.–8.4. Fische, 9.4.–21.4. Widder, **1936** 20.3.–30.3. Fische, 31.3.–14.4. Widder, 15.4.–21.4. Stier, **1937** 20.3.–22.3. Fische, 23.3.–6.4. Widder, 7.4.–21.4. Stier, **1938** 20.3.–1.4. Widder, 2.4.–21.4. Stier, **1939** Widder, **1940** 20.3.–16.4. Fische, 17.4.–21.4. Widder, **1941** 20.3.–11.4. Fische, 12.4.–21.4. Widder, **1942** 20.3.–4.4. Fische, 5.4.–19.4. Widder, 20.4.–21.4. Stier, **1943** 20.3.–27.3. Fische, 28.3.–11.4. Widder, 12.4.–21.4. Stier, **1944** 20.3.–3.4. Widder, 4.4.–21.4. Stier, **1945** Widder, **1946** 20.3.–1.4. Widder, 2.4.–16.4. Fische, 17.4.–21.4. Widder, **1947** 20.3.–15.4. Fische, 16.4.–21.4. Widder, **1948** 20.3.–8.4. Fische, 9.4.–21.4. Widder, **1949** 20.3.–1.4. Fische, 2.4.–16.4. Widder, 17.4.–21.4. Stier, **1950** 20.3.–23.3. Fische, 24.3.–7.4. Widder, 8.4.–21.4. Stier, **1951** 20.3.–1.4. Widder, 2.4.–21.4. Stier, **1952** Widder, **1953** 20.3.–16.4. Fische, 17.4.–21.4. Widder, **1954** 20.3.–12.4. Fische, 13.4.–21.4. Widder, **1955** 20.3.–6.4. Fische, 7.4.–21.4. Widder, **1956** 20.3.–28.3. Fische, 29.3.–12.4. Widder, 13.4.–21.4. Stier, **1957** 20.3. Fische, 21.3.–4.4. Widder, 5.4.–21.4. Stier, **1958** 20.3.–2.4. Widder, 3.4.–10.4. Stier, 11.4.–21.4. Widder, **1959** Widder, **1960** 20.3.–15.4. Fische, 16.4.–21.4. Widder, **1961** 20.3.–9.4. Fische, 10.4.–21.4. Widder, **1962** 20.3.–2.4. Fische, 3.4.–17.4. Widder, 18.4.–21.4. Stier, **1963** 20.3.–25.3. Fische, 26.3.–9.4. Widder, 10.4.–21.4. Stier, **1964** 20.3.–1.4. Widder, 2.4.–21.4. Stier, **1965** Widder, **1966** 20.3.–22.3. Widder, 23.3.–17.4. Fische, 18.4.–21.4. Widder, **1967** 20.3.–14.4. Fische, 15.4.–21.4. Widder, **1968** 20.3.–6.4. Fische, 7.4.–21.4. Widder, **1969** 20.3.–29.3. Fische, 30.3.–13.4. Widder, 14.4.–21.4. Stier, **1970** 20.3.–21.3. Fische, 22.3.–5.4. Widder, 6.4.–21.4. Stier, **1971** 20.3.–31.3. Widder, 1.4.–18.4. Stier, 19.4.–21.4. Widder, **1972** Widder, **1973** 20.3.–16.4. Fische, 17.4.–21.4. Widder, **1974** 20.3.–10.4. Fische, 11.4.–21.4. Widder, **1975** 20.3.–3.4. Fische, 4.4.–19.4. Widder, 20.4.–21.4. Stier, **1976** 20.3.–25.3. Fische, 26.3.–9.4. Widder, 10.4.–21.4. Stier, **1977** 20.3.–2.4. Widder, 3.4.–21.4. Stier, **1978** Widder, **1979** 20.3.–28.3. Widder, 29.3.–16.4. Fische, 17.4.–21.4. Widder, **1980** 20.3.–14.4. Fische, 15.4.–21.4. Widder, **1981** 20.3.–7.4. Fische, 8.4.–21.4. Widder, **1982** 20.3.–31.3. Fische, 1.4.–15.4. Widder, 16.4.–21.4. Stier, **1983** 20.3.–23.3. Fische, 24.3.–7.4. Widder, 8.4.–21.4. Stier, **1984** 20.3.–31.3. Widder, 1.4.–21.4. Stier, **1985** Widder, **1986** 20.3.–16.4. Fische, 17.4.–21.4. Widder, **1987** 20.3.–12.4. Fische, 13.4.–21.4. Widder, **1988** 20.3.–4.4. Fische, 5.4.–19.4. Widder, 20.4.–21.4. Stier, **1989** 20.3.–27.3. Fische, 28.3.–11.4. Widder, 12.4.–21.4. Stier, **1990** 20.3.–3.4. Widder, 4.4.–21.4. Stier, **1991** Widder, **1992** 20.3.–3.4. Widder, 4.4.–13.4. Fische, 14.4.–21.4. Widder, **1993** 20.3.–14.4. Fische, 15.4.–21.4. Widder, **1994** 20.3.–8.4. Fische, 9.4.–21.4. Widder, **1995** 20.3.–1.4. Fische, 2.4.–16.4. Widder, 17.4.–21.4. Stier, **1996** 20.3.–23.3. Fische, 24.3.–7.4. Widder, 8.4.–21.4. Stier, **1997** 20.3.–31.3. Widder, 1.4.–21.4. Stier, **1998** Widder, **1999** 20.3.–16.4. Fische, 17.4.–21.4. Widder, **2000** 20.3.–12.4. Fische, 13.4.–21.4. Widder, **2001** 20.3.–16.4. Fische, 17.4.–20.4. Widder, 21.4. Stier, **2002** 20.3.–28.3. Fische, 29.3.–12.4. Widder, 13.4.–21.4. Stier, **2003** 20.3. Fische, 21.3.–4.4. Widder, 5.4.–21.4. Stier

DIE MERKURZEICHEN DER WIDDER

Merkur im Widder – SCHNELLES DENKEN

Merkurstärken Schnelle Auffassungsgabe, flinkes Denken, rasch auf den Punkt kommen
Merkurschwächen Flüchtig, unkonzentriert, oberflächlich sein

Sie denken blitzschnell, besitzen eine rasche Auffassungsgabe und haben keine Hemmungen, Ihre Gedanken laut kundzutun. Genauso schnell und direkt ist auch Ihre Art, auf andere zuzugehen.
In Ihrem Kopf laufen zuweilen regelrechte Kinofilme ab: Da streiten Parteien, da geht es um Siege und Niederlagen und darum, daß derjenige gewinnt, der am geschicktesten und schnellsten ist. Ihr Denken ist nicht logisch, auch nicht unbedingt von Erfahrungen getra-

gen: Sie haben Inspirationen, Ideen und Gedankenblitze, die Ihnen einfach »zufallen«, als kämen sie aus der Luft, dem Nichts, als fielen sie vom Himmel. Diese Art zu denken macht Sie ungeheuer flott und dynamisch. Unterhaltungen und Diskussionen werden mit Ihnen daher schnell heftig. Sie sollten berücksichtigen, daß nicht jeder über einen Merkur im Widder verfügt und so streitlustig, redegewandt und flink im Denken ist.

Ihre Ideen und Gedanken bedürfen der Überprüfung. Diesbezüglich ergänzen Sie sich mit anderen, die eher logisch oder empirisch vorgehen. Sie sind erst dann richtig gut und erfolgreich, wenn jemand sich Ihrer Ideen annimmt und in die Wirklichkeit umsetzt.

Merkur-Check

Wie leicht fällt es mir, Kontakt zu schließen? Ich habe kaum Probleme, auf andere zuzugehen.

Was bringt mich »den Göttern« näher? Mich verausgaben, ekstatisch lieben, andere besiegen.

Merkur im Stier – SACHLICHES DENKEN

Merkurstärken	Sachliches, konzentriertes und konkretes Denken
Merkurschwächen	Stur sein, starr denken

Ihr Denken ist sachlich, genau und praktisch. Sie beziehen sich in Ihren Überlegungen auf gemachte Erfahrungen oder solche, die von zuverlässigen Leuten stammen. Das verleiht Ihnen Sicherheit und Glaubwürdigkeit; es unterlaufen Ihnen kaum Fehler. Was Sie sagen, hat Hand und Fuß. Das darf Sie allerdings nicht dazu verleiten, Ihre eigene Art zu denken als die einzig richtige zu betrachten und andere zu kritisieren oder gar zu demoralisieren. Ihre Meinungsbildung ist nur eine von mehreren Möglichkeiten. Es ist Ihre Stärke, andere, die weniger sachlich und empirisch fundiert argumentieren, zu ergänzen. Lassen Sie sich im Gegenzug aber auch von Ihren Mitmenschen inspirieren!

Auf andere zuzugehen fällt Ihnen nicht leicht. Sie warten lieber ab, bis man auf Sie zukommt, reagieren jedoch abweisend, wenn jemand zu forsch auftritt. Hier sollten Sie offener werden. Nicht jeder, der Sie

direkt angeht, will Sie bedrängen; er ist vielleicht nur spontaner als Sie.
Ihr Denken dreht sich häufig um Schönheit, Genuß, Essen, Trinken, Geld und Besitz. Das hilft Ihnen, Ihre Wünsche real umzusetzen. Mit Ihrem Merkur im Stier sollten Sie keine Probleme haben, reichlich Geld zu verdienen.
Gegen Sturheit und Engstirnigkeit müssen Sie zu Felde ziehen – und zwar bei sich selbst. Um dies zu üben, könnten Sie sich zum Beispiel von Fall zu Fall vornehmen, anderer Leute Meinung voll und widerspruchslos zu akzeptieren.

Merkur-Check

Wie leicht fällt es mir, Kontakt zu schließen? Ich warte lieber, bis man auf mich zugeht.
Was bringt mich »den Göttern« näher? Wunschlos glücklich sein, sinnlich befriedigt sein, reich sein.

Merkur in den Fischen – INSTINKTIVES DENKEN

Merkurstärken Tiefgründiges, emotional-instinktives Denken
Merkurschwächen Unkonzentriert, unsachlich, subjektiv, launisch sein

Ihre Gefühle mischen sich in Ihr Denken ein und färben es subjektiv. Sie denken »mit dem Bauch«. Zu welchen Schlüssen Sie kommen oder welche Ideen Sie haben, hängt stark von Ihrer »Tagesform« ab. Auf der anderen Seite erreicht Ihr Denken, indem es Emotionen mit einbezieht, große Tiefe. Mit Merkur in den Fischen besitzen Sie eine Art Instinkt, ein Wissen, das weit über normales Erfassen und Verarbeiten von Eindrücken hinausreicht: Ahnungen und Erinnerungen aus Ihrem Unterbewußtsein, manchmal auch wie aus einer anderen Welt oder gar aus einem früheren Leben. Ihr Problem ist dann, nicht zu wissen, was Sie glauben sollen. Da ist einerseits die reale Welt, die sich auf Logik oder gemachte Erfahrungen beruft, und daneben haben Sie Ihre anderen Quellen. Wichtig ist, daß Sie beides als gültig annehmen. Sie sind ein Grenzgänger, ein Mensch mit der Gabe zu tieferen Erfahrungen, als es anderen beschieden ist. Aber allein darauf läßt sich auch kein Leben gründen …

Auf andere zuzugehen macht Ihnen Probleme. Sie glauben, jeder sei ebenso empfindsam wie Sie und wolle nicht »gestört« werden. Das ist natürlich ein Irrtum. Andere warten vielleicht gerade darauf, angesprochen und unterhalten zu werden. Sie sollten sich immer wieder dazu ermutigen, etwas selbstbewußter und selbstsicherer zu werden.

Merkur-Check

Wie leicht fällt es mir, Kontakt zu schließen? Ich bin scheu und getraue mich nicht, auf andere zuzugehen.
Was bringt mich »den Göttern« näher? Eins sein mit meinen Gefühlen und der Welt, die mich umgibt.

Das Venushoroskop – IHRE LIEBESFÄHIGKEIT

Venuszeichen

Kurz nach Sonnenuntergang – der Westen badet sich noch in goldenem Rot, im Osten kündet ein stahlblauer Himmel die heraufziehende Nacht an – kann man sie sehen, die Venus. Sie ist so hell, daß man sie manchmal mit den Lichtern eines Flugzeugs verwechselt. Und in Gegenden, die nicht künstlich erleuchtet sind, überkommt den Betrachter bei ihrem Anblick fast das Gefühl einer außerirdischen Begegnung. Der Tag geht zur Ruhe, Venus läutet den Feierabend ein, jene Zeit, die weder der Arbeit noch dem Schlaf gehört, vielmehr der Muße – und der Liebe.

Aber Venus verzaubert nicht nur den Abend, sondern auch den Morgen. Denn die Hälfte des Jahres läuft sie, wie wir es von der Erde aus sehen, der Sonne nach, sie steht dann als Venus des Abends nach Sonnenuntergang noch einige Zeit am Abendhimmel. Die andere Hälfte jedoch läuft sie der Sonne voraus und steigt als Venus des Morgens vor der Sonne über den östlichen Horizont als strahlende Botin des neuen Tages.

Venus oder die griechische Entsprechung Aphrodite trug den Namen »Schaumgeborene«: Dem Mythos nach hat Kronos (Saturnus), der Vater des Zeus, das Zeugungsglied seines Vaters Uranos ins Meer geworfen. Aus dem Schaum, der sich dabei bildete, ist die Göttin der Schönheit entstanden (griechisch *aphrós* = »Schaum«).

Sie galt als die fruchtbare Göttin des blühenden Frühlings und der überströmenden Frühlingslust. Sie war die Beschützerin der Gärten, Blumen und Lusthaine. Ihre Lieblingsgewächse waren Myrten, Rosen und Lilien, ihre Frucht der Apfel, ihre bevorzugten Tiere waren Widder, Böcke, Hasen, Tauben und die bunten Schmetterlinge. Vor allem aber war Venus/Aphrodite eine Frau, deren unvergleichliche Schönheit die Männer betörte. Man fand schier kein Ende, all ihre Reize aufzuzählen: göttlicher Wuchs, strahlende Augen, verlockender Blick, rosenknospiger Mund, zierliche Ohren, reizender Busen und, und, und ...

Im Vergleich dazu sah ihr häßlicher, hinkender Ehemann Hephaistos, der Gott des Erdfeuers und Schutzgott der Schmiedekunst, ziemlich alt aus, wie man heute sagen würde. Sie nutzte denn auch jede Gelegenheit zu einem Seitensprung. Der bekannteste (und folgenreichste) war wohl jener mit Mars, dem Amor, der spitzbübische Junge mit den heimtückischen Liebespfeilen, sein Leben verdankte.

Die schöne Venus bekam ein würdiges Denkmal am Himmel; der hellste Stern wurde nach ihr benannt. Je nach Position kündet er als Abendstern den Feierabend, vor Sonnenaufgang die nahende Morgenröte an.

»Venus« ist in der Symbolsprache ein anderes Wort für »Liebe, Lust, Zärtlichkeit, Leidenschaft, Zweisamkeit, Anziehung, Nähe, Knistern, Flirten, Sehnsucht, Verschmelzung, Sinnlichkeit« und dergleichen mehr. Aber jede Venusposition in den Tierkreiszeichen gibt all diesen Facetten der Liebe eine andere Färbung, ein bestimmtes Gewicht, einen individuellen Glanz. Da müssen Sie Ihre persönliche Venus einfach näher kennenlernen!

DIE ERMITTLUNG DES VENUSZEICHENS

In der Venustabelle finden Sie ganz einfach Ihre Venusposition, indem Sie Ihren Geburtstag suchen. Dahinter ist das Tierkreiszeichen vermerkt, in dem Ihre Venus steht. Dann brauchen Sie nur noch den entsprechenden Abschnitt im anschließenden Text nachzulesen. (Siehe auch die Vorbemerkung am Beginn von Teil II dieses Buches.)

Die Venustabelle

1920* 20.3.–11.4. Fische, 12.4.–21.4.Widder, **1921** Stier, **1922** 20.3.–6.4. Widder, 7.4.–21.4. Stier, **1923** 20.3.–31.3. Wassermann, 1.4.–21.4. Fische, **1924** 20.3.–4.4. Stier, 5.4.–21.4. Zwillinge, **1925** 20.3.–27.3. Fische, 28.3.–20.4. Widder, 21.4. Stier, **1926** 20.3.–5.4. Wassermann, 6.4.–21.4. Fische, **1927** 20.3.–22.3. Widder, 23.3.–16.4. Stier, 17.4.–21.4. Zwillinge, **1928** 20.3.–11.4. Fische, 12.4.–21.4. Widder, **1929** 20.3.–20.4. Stier, 21.4. Widder, **1930** 20.3.–5.4. Widder, 6.4.–21.4. Stier, **1931** 20.3.–31.3. Wassermann, 1.4.–21.4. Fische, **1932** 20.3.–4.4. Stier, 5.4.–21.4. Zwillinge, **1933** 20.3.–27.3. Fische, 28.3.–20.4. Widder, 21.4. Stier, **1934** 20.3.–5.4. Wassermann, 6.4.–21.4. Fische, **1935** 20.3.–21.3. Widder, 22.3.–15.4. Stier, 16.4.–21.4. Zwillinge, **1936** 20.3.–10.4. Fische, 11.4.–21.4. Widder, **1937** 20.3.–13.4. Stier, 14.4.–21.4. Widder, **1938** 20.3.–5.4. Widder, 6.4.–21.4. Stier, **1939** 20.3.–30.3. Wassermann, 31.3.–21.4. Fische, **1940** 20.3.–4.4. Stier, 5.4.–21.4. Zwillinge, **1941** 20.3.–27.3. Fische, 28.3.–19.4. Widder, 20.4.– 21.4. Stier, **1942** 20.3.–5.4. Wassermann, 6.4.–21.4. Fische, **1943** 20.3.–21.3. Widder, 22.3.–15.4. Stier, 16.4.–21.4. Zwillinge, **1944** 20.3.–10.4. Fische, 11.4.–21.4. Widder, **1945** 20.3.–7.4. Stier, 8.4.–21.4. Widder, **1946** 20.3.–4.4. Widder, 5.4.–21.4. Stier, **1947** 20.3.–30.3. Wassermann, 31.3.–21.4. Fische, **1948** 20.3.–4.4. Stier, 5.4.–21.4. Zwillinge, **1949** 20.3.–26.3. Fische, 27.3.–19.4. Widder, 20.4.–21.4. Stier, **1950** 20.3.–6.4. Wassermann, 7.4.–21.4. Fische, **1951** 20.3.Widder, 21.3.–14.4. Stier, 15.4.–21.4. Zwillinge, **1952** 20.3.–9.4. Fische, 10.4.–21.4. Widder, **1953** 20.3.–30.3. Stier, 31.3.–21.4. Widder, **1954** 20.3.–4.4. Widder, 5.4.–21.4. Stier, **1955** 20.3.–29.3.

* Siehe auch die Anmerkung zur Mondtabelle.

Wassermann, 30.3.–21.4. Fische, **1956** 20.3.– 3.4. Stier, 4.4.–21.4. Zwillinge, **1957** 20.3.–25.3. Fische, 26.3.–18.4. Widder, 19.4.–21.4. Stier, **1958** 20.3.–6.4. Wassermann, 7.4.–21.4. Fische, **1959** 20.3. Widder, 21.3.–14.4. Stier, 15.4.–21.4. Zwillinge, **1960** 20.3.–8.4. Fische, 9.4.–21.4. Widder, **1961** Widder, **1962** 20.3.–2.4. Widder, 3.4.–21.4. Stier, **1963** 20.3.–29.3. Wassermann, 30.3.– 21.4. Fische, **1964** 20.3.–3.4. Stier, 4.4.–21.4. Zwillinge, **1965** 20.3.–24.3. Fische, 25.3.–18.4. Widder, 19.4.–21.4. Stier, **1966** 20.3.–6.4. Wassermann, 7.4.–21.4. Fische, **1967** 20.3.–13.4. Stier, 14.4.–21.4. Zwillinge, **1968** 20.3.–8.4. Fische, 9.4.–21.4. Widder, **1969** Widder, **1970** 20.3.–2.4.Widder, 3.4.–21.4. Stier, **1971** 20.3.–29.3. Wassermann, 30.3.–21.4. Fische, **1972** 20.3.–3.4. Stier, 4.4.–21.4. Zwillinge, **1973** 20.3.–24.3. Fische, 25.3.–17.4. Widder, 18.4.–21.4. Stier, **1974** 20.3.–6.4. Wassermann, 7.4.–21.4. Fische, **1975** 20.3.–13.4. Stier, 14.4.–21.4. Zwillinge, **1976** 20.3– 7.4. Fische, 8.4.–21.4. Widder, **1977** Widder, **1978** 20.3.–2.4. Widder, 3.4.–21.4. Stier, **1979** 20.3.–28.3. Wassermann, 29.3.–21.4. Fische, **1980** 20.3.–3.4. Stier, 4.4.–21.4. Zwillinge, **1981** 20.3.–23.3. Fische, 24.3.–17.4. Widder, 18.4.– 21.4. Stier, **1982** 20.3.–6.4. Wassermann, 7.4.–21.4. Fische, **1983** 20.3.–13.4. Stier, 14.4.– 21.4. Zwillinge, **1984** 20.3.–7.4. Fische, 8.4.–21.4. Widder, **1985** Widder, **1986** 20.3–1.4. Widder, 2.4.– 21.4. Stier, **1987** 20.3.–28.3. Wassermann, 29.3.–21.4. Fische, **1988** 20.3.–3.4. Stier, 4.4.–21.4. Zwillinge, **1989** 20.3.–23.3. Fische, 24.3.–16.4. Widder, 17.4.–21.4. Stier, **1990** 20.3.–6.4. Wassermann, 7.4.–21.4. Fische, **1991** 20.3–12.4. Stier, 13.4.–21.4. Zwillinge, **1992** 20.3.–6.4. Fische, 7.4.–21.4. Widder, **1993** Widder, **1994** 20.3.–1.4. Widder, 2.4.–21.4. Stier, **1995** 20.3.–27.3. Wassermann, 28.3.–21.4. Fische, **1996** 20.3.–3.4. Stier, 4.4.–21.4. Zwillinge, **1997** 20.3.–22.3. Fische, 23.3.–15.4. Widder, 16.4.–21.4. Stier, **1998** 20.3.–5.4. Wassermann, 6.4.–21.4. Fische, **1999** 20.3.–12.4. Stier, 13.4.–21.4. Zwillinge, **2000** 20.3.–6.4. Fische, 7.4.–21.4. Widder, **2001** Widder, **2002** 20.3.–31.3. Widder, 1.4.–21.4. Stier, **2003** 20.3.–27.3. Wassermann, 28.3.–21.4. Fische

Venus im Widder – STÜRMISCHE LIEBE

Venusstärken Spontan, direkt, feurig
Venusschwächen Egoistisch, überfordernd

Feinfühligkeit ist nicht Ihre Stärke. Zu Ihrer Entschuldigung läßt sich sagen, daß Sie es ja gar nicht so meinen, wenn Sie beispielsweise die roten Punkte auf seiner neuen Krawatte bzw. ihre rotgesprenkelte Bluse an Ketchup erinnert (und Sie das natürlich auch noch laut sagen müssen). Aber was soll's! Sie haben nichts gegen einen klärenden Krach. Hinterher ist die Luft einfach besser. Und was zu Bruch geht, war sowieso nur eine Scheinidylle. Gut, Sie tragen die Schuld, waren unsensibel, taktlos, verletzend ..., aber sind Sie nicht einfach auch offen und ehrlich?

An Ihren eigenen Gefühlen und Stimmungen zweifeln Sie nie. Auch wenn man Ihnen mit Engelszungen nahezubringen versucht, daß Ihre Eifersucht unbegründet, diese Liebe illusorisch oder Ihre Sorgen reine Hirngespinste sind, es wird nichts fruchten! Und plötzlich – kein Mensch weiß, weshalb – hat sich Ihre Weltuntergangsstimmung in Luft aufgelöst. Weg!

Das alles klingt nach einem einfachen, kindlichen Gefühlsleben. Mag sein. Aber dafür bleiben Sie jung, erfrischend, charmant und immer für eine Überraschung gut. Ein probates Gegengift gegen Langeweile also. Und Sie sind nicht nachtragend. Sie kommen leicht in Fahrt, spucken schon mal Feuer und Gift, aber die Versöhnung ist auch nicht weit – und besonders süß.

Venus-Check

Kann meine Venus gut allein sein? Eher nicht, aber sie schafft es.

Sucht meine Venus Sicherheit? Nicht so sehr, eher Lust, Unterhaltung und Vergnügen.

Besteht meine Venus auf Treue? Nicht ausgesprochen.

Ist meine Venus eifersüchtig? Ja, sogar extrem. Sie kann Konkurrenten nicht ausstehen.

Findet meine Venus leicht Partner? Jederzeit, Sie brauchen nur loszuziehen.

Venus im Stier – PRAKTISCHE LIEBE

Venusstärken Erotisch, gemütlich, natürlich
Venusschwächen Stur, bequem

Sie lieben das Leben mit all seinen Verführungen, seiner Schönheit und den unendlichen Sinnenfreuden. Niemals bekommen Sie davon genug. In Ihren Augen gibt es keine größere Sünde, als diesem Genuß zu entsagen: Hat Gott nicht all dies geschaffen, damit der Mensch es genieße? In der Praxis hat eine derartige Lust leider hinterhältige Folgen: Sie müssen auf Ihre Linie achten, also doch maßhalten und Ihre Wünsche verdrängen. Aber mit regelmäßigen sportlichen Übungen und entsprechender geistiger Haltung bleiben Sie fit und Ihr Körper ein Tempel der Lust und Sinnlichkeit.
Natürlich liebt man solche Personen: Weil Sie praktisch sind und den weitbekannten Spruch, daß Liebe durch den Magen geht, aufs köstlichste unter Beweis stellen. Weil Sie Geschmack besitzen und selbst ein Kellerloch in ein gemütliches Kuschelnest verzaubern. Weil Sie hingabefähig und treu sind und dennoch auf eigenen Beinen stehen. Allerdings braucht Ihre Liebe Zeit. Sie sind kein »Feuer-und-Flamme-Typ«. Aber wenn Sie einmal heißlaufen und richtig brennen, sind Sie dafür kaum mehr zu bremsen.
Einen Wahnsinns-Sturkopf haben Sie ebenfalls. Was Sie sich einmal in den Kopf gesetzt haben, ziehen Sie auch durch. Und Sie sind schrecklich bequem und reagieren daher viel zu spät, wenn der Partnersegen einmal schief hängt.

Venus-Check
Kann meine Venus gut allein sein? Nein, sie teilt ihre Sinnlichkeit lieber mit jemandem.
Sucht meine Venus Sicherheit? Ja, extrem. Da müssen Sie sogar loslassen lernen.
Besteht meine Venus auf Treue? Keine Frage, sie teilt ihren Partner niemals.
Ist meine Venus eifersüchtig? Ja, und es drohen martialische Eifersuchtsszenen.
Findet meine Venus leicht Partner? Sie ist sehr begehrt und sollte keine Probleme haben.

Venus in den Zwillingen – VERSPIELTE LIEBE

Venusstärken Vielseitig, verspielt, sexy
Venusschwächen Unruhig, gespalten

Ihre Venus macht Sie kindlich, verspielt, unschuldig, naiv, göttlich, raffiniert, charmant, unterhaltend – mit anderen Worten: Jeden Moment passiert etwas Neues. Liebe mit Ihnen ist ein Schweben auf Wolke sieben, ein Traum, so schön wie im schönsten Film. Ihre Hände können zaubern, Ihre Stimme ist wie ein warmer, zärtlicher Wind, und Ihre Worte schmeicheln und entführen in die Welt aus Tausendundeiner Nacht.
Die Liebe ist bestimmt der schönste Zeitvertreib, den es gibt. Aber Sie sind nicht abhängig von ihr – und schon gar nicht von einem anderen Menschen. Freiheit und Unabhängigkeit sind Ihnen nämlich beinahe noch wichtiger: Sie haben Ihren Mann (bzw. Ihre Frau) in Ihrem Inneren; Sie müssen daher mit niemandem zusammenwohnen, kochen, leben, alles teilen. Ganz ohne ...? Schon möglich! Aber hundertprozentig sicher geht es nicht ohne Menschen. Andere entspannen sich vielleicht in den Bergen, in der Badewanne oder beim Schlafen. Sie brauchen Ihr Social life: Kontakte, Freunde, Begegnungen, Small talks. Was Sie lebendig hält, ist die Hoffnung und die Chance, daß jeden Augenblick etwas Neues, Unvorhergesehenes, Überraschendes passieren kann – vor allem in puncto Liebe.
Ein Problem gibt es auch, nämlich Ihren ewig rotierenden Verstand, der Ihnen zuweilen mitten in der schönsten Liebesgeschichte die Laune verdirbt.

Venus-Check
Kann meine Venus gut allein sein? Sie kann es, aber sie ist es selten.
Sucht meine Venus Sicherheit? Eher nicht. Sie kommt immer irgendwie zurecht.
Besteht meine Venus auf Treue? I wo, das kann sie selbst nicht, und das kann sie auch nicht von anderen verlangen.
Ist meine Venus eifersüchtig? Ja, leider, trotz aller Freiheitssuche.
Findet meine Venus leicht Partner? Ja, tonnenweise, damit hat sie kein Problem.

Venus ist ein anderes Wort für Liebe,
Lust, Sex und Zärtlichkeit

Venus im Wassermann – UTOPISCHE LIEBE

Venusstärken Frei, originell, fair
Venusschwächen Unpersönlich

Sie sind wie jener Vogel, der freiwillig im Käfig bleibt und wunderhübsch zwitschert, solange die Tür sperrangelweit offensteht. Macht es »Schnapp!«, die Tür ist zu, beginnt der Vogel zu kreischen und tobt wie ein Wahnsinniger. Nichts zu machen! Ihre Liebe ist klaustrophobisch. Manchmal flippen Sie schon aus, wenn jemand die Fenster schließt oder beim Schlafen den Arm um Sie legt.

Das hat überhaupt nichts mit mangelnder Liebe zu tun! Das sei hier gleich einmal grundsätzlich festgestellt: Ihre Liebesfähigkeit ist über jeden Zweifel erhaben. Aber Sie brauchen Luft, Ihren Spielraum, Ihre Freiheit. Man könnte meinen, Sie entstammten einem Planeten, auf dem man körperlose Liebe macht. Jedenfalls erstreben Sie eine Partnerschaft, die leicht und frei von bauchlastigen Emotionen ist. Eifersucht, Besitzanspruch, Zweisamkeit – derartige Worte mit den entsprechenden Ritualen entstammen Ihrer Meinung nach dem Kleinhirn und waren allenfalls in der Dinosaurierzeit überlebenswichtig.

In Wirklichkeit klaffen Theorie und Praxis dann doch auseinander. Mit anderen Worten: Sie sind eben auch eifersüchtig. Das ist aber kein Problem; Sie dürfen ruhig widersprüchlich sein, daran wachsen Sie. Was Sie nicht machen sollten, ist, Ihre Eifersucht zu verdrängen, weil Sie sich sagen, daß nicht ist, was nicht sein darf. So etwas macht krank!

Venus-Check

Kann meine Venus gut allein sein? Könnte sie schon, aber es passiert ziemlich selten.

Sucht meine Venus Sicherheit? Nein, die gibt es sowieso nicht.

Besteht meine Venus auf Treue? Sie besteht auf Fairneß, das ist wichtiger als Treue.

Ist meine Venus eifersüchtig? »Nein«, sagt sie, aber »Ja« fühlt sie.

Findet meine Venus leicht Partner? Dabei hat sie keinerlei Probleme.

Venus in den Fischen – MYSTISCHE LIEBE

Venusstärken Hingebungsvoll, tief, selbstlos
Venusschwächen Unklar

Für Ihre Venus in den Fischen existieren keine Grenzen und keine Distanz. Probieren Sie's aus! Schicken Sie Ihren Partner zweitausend Kilometer weg. Vereinbaren Sie einen Zeitpunkt, um sich zu lieben: Es ist, als wären Sie bei ihm. Genaugenommen wächst Ihre Liebe sogar proportional zur Entfernung – und mit der Schwierigkeit, ihn zu kriegen: Ihre Favoriten sind vergebene oder weit entfernte Männer und Frauen.

Ihr Geheimnis? Ihre Venus in den Fischen ist eine Träumerin! Sie zieht schmachtende Sehnsucht plattem Zweier-Einerlei vor. Sie fürchtet den Alltag, weil er sie aus ihren Träumen weckt. Ist das ein Problem? Vielleicht machen Sie eins draus! Weil Sie die Liebe mystifizieren, gestatten Sie ihr keine Grenzen. Nein, Sie sagen nicht, daß Sie genug haben und jetzt allein sein möchten, daß Sie auftanken müssen in Ihrer inneren Welt. Sie sagen gar nichts, aber Sie flüchten in Ihren unsichtbaren Elfenbeinturm und spielen »Mich versteht sowieso keiner«, in der Hoffnung, daß man Sie in Ruhe läßt.

Lernen Sie, sich klar abzugrenzen! Keine andere Venusgestalt liebt so selbstlos, so phantasievoll, zärtlich und innig. Sie haben ein Recht auf schöpferische Pausen!

Venus-Check

Kann meine Venus gut allein sein? O ja, im Grunde ist man immer allein.
Sucht meine Venus Sicherheit? Nein, die gibt es sowieso nicht.
Besteht meine Venus auf Treue? Nein, man kann auf gar nichts bestehen!
Ist meine Venus eifersüchtig? Nein, es schmerzt höchstens.
Findet meine Venus leicht Partner? Ja, aber es ist der falsche.

Das Marshoroskop – POTENT, AKTIV, ERFOLGREICH UND MÄNNLICH SEIN

Rötlich funkelnd wie Feuer oder Blut, so präsentiert sich nur ein Gestirn am nächtlichen Himmel: der Planet Mars. Abhängig von seiner Nähe zur Erde verändert sich obendrein die Intensität. Menschen früherer Zeiten erschauerten daher, wenn sein Rot zunahm. Sie sprachen von einem zornigen Auge am Himmel und betrachteten es als böses Omen.

In klassischer Zeit galt Mars als Kriegsgott und Beschützer im Kampf: »Beschütze uns, Mars, und schlage dafür den Feind mit Feigheit und Schwäche«, soll der römische Kaiser Titus Flavius vor seinen Schlachten gerufen haben.

Hinter Mars stecken allerdings nicht nur bedrohliche Eigenschaften: So schickt er zum Beispiel zündende Ideen, verleiht Startkraft und schenkt Courage. Mars sorgt für den richtigen Biß, um sich behaupten und Rivalen überwinden zu können. Er verleiht die für Konkurrenzgerangel unerläßlichen »spitzen Ellenbogen« und programmiert auf Sieg. Er verkörpert das Urmännliche, den heldenhaften, schönen Jüngling genauso wie einen sexbesessenen Macho. Mars steht auch einfach für Sex, Potenz und Triebkraft. In ganz besonderer Weise verrät die Marsposition die Art und Weise des Eroberungsspieles: Ob man direkt auf jemanden zugeht, abwartet oder gar zum Rückzug bläst – es ist Mars, der die Fäden zieht.

Er ist ein absolut männlicher Planet, vielleicht der männlichste überhaupt. Frauen besitzen zwar genau wie Männer ihren Mars, aber eher als Potential, als Anlagebild, und neigen dazu, ihn nicht selbst auszuleben, sondern ihn zu projizieren. Sie suchen sich Männer, die ihrem Mars entsprechen. Über diesen Umweg hat er dann doch Anteil an ihrem Leben. Frauen, die Berufe ergreifen, welche früher eher als typisch männlich galten – im Management beispielsweise –, leben ihren Mars weitgehend selbst. Mars ist der regierende Planet des Widders und besitzt daher viele Wesenszüge dieses Tierkreiszeichens.

DIE ERMITTLUNG DES MARSZEICHENS

Suchen Sie in der folgenden Marstabelle Ihren Geburtstag und entnehmen Sie Ihre Marsposition, die Sie auf den entsprechenden Text im anschließenden Kapitel über die Marszeichen verweist. (Siehe auch die Vorbemerkung am Beginn von Teil II dieses Buches.)

Die Marstabelle

1920* Skorpion, **1921** 20.3.–24.3. Widder, 25.3.–21.4. Stier, **1922** Schütze, **1923** 20.3.–15.4. Stier, 16.4.–21.4. Zwillinge, **1924** Steinbock, **1925** 20.3.–23.3. Stier, 24.3.–21.4. Zwillinge, **1926** 20.3.–22.3. Steinbock, 23.3.–21.4. Wassermann, **1927** 20.3.– 16.4. Zwillinge, 17.4.–21.4. Krebs, **1928** 20.3.–7.4. Wassermann, 8.4.–21.4. Fische, **1929** Krebs, **1930** Fische, **1931** 20.3.–30.3. Krebs, 31.3.–21.4. Löwe, **1932** 20.3.–2.4. Fische, 3.4.–21.4. Widder, **1933** Jungfrau, **1934** Widder, **1935** Waage, **1936** 20.3.–1.4. Widder, 2.4.–21.4. Stier, **1937** Schütze, **1938** Stier, **1939** 20.3. Schütze, 21.3.–21.4. Steinbock, **1940** 20.3.–1.4. Stier, 2.4.–21.4. Zwillinge, **1941** 20.3.–2.4. Steinbock, 3.4.–21.4. Wassermann, **1942** Zwillinge, **1943** 20.3.–16.4. Wassermann, 17.4.–21.4. Fische, **1944** 20.3.–27.3. Zwillinge, 28.3.– 21.4. Krebs, **1945** 20.3.–24.3. Wassermann, 25.3.–21.4. Fische, **1946** Krebs, **1947** 20.3.–11.4. Fische, 12.4.–21.4. Widder, **1948** Löwe, **1949** 20.3.–21.3. Fische, 22.3.–21.4. Widder, **1950** 20.3.–27.3. Waage, 28.3.–21.4. Jungfrau, **1951** 20.3.–10.4. Widder, 11.4.–21.4. Stier, **1952** Skorpion, **1953** Stier, **1954** 20.3.–12.4. Schütze, 13.4.–21.4. Steinbock, **1955** 20.3.–10.4. Stier, 11.4.–21.4. Zwillinge, **1956** 20.3.–14.4. Steinbock, 15.4.–21.4. Wassermann, **1957** Zwillinge, **1958** Wassermann, **1959** 20.3.–9.4. Zwillinge, 10.4.–21.4. Krebs, **1960** 20.3.–1.4. Wassermann, 2.4.–21.4. Fische, **1961** Krebs, **1962** 20.3.–19.4. Fische, 20.4.–21.4. Widder, **1963** Löwe, **1964** 20.3.–29.3. Fische, 30.3.–21.4. Widder, **1965** Jungfrau, **1966** 20.3.–17.4. Widder, 18.4.–21.4. Stier, **1967** 20.3.–31.3. Skorpion, 1.4.–21.4. Waage, **1968** 20.3.–27.3. Widder, 28.3.–21.4.

* Siehe auch die Anmerkung zur Mondtabelle.

Stier, **1969** Schütze, **1970** 20.3.–18.4. Stier, 19.4.–21.4. Zwillinge, **1971** Steinbock, **1972** 20.3.–26.3. Stier, 27.3.–21.4. Zwillinge, **1973** 20.3.–26.3. Steinbock, 27.3.–21.4. Wassermann, **1974** 20.3.–19.4. Zwillinge, 20.4.–21.4. Krebs, **1975** 20.3.–11.4. Wassermann, 12.4.–21.4. Fische, **1976** Krebs, **1977** Fische, **1978** 20.3.–10.4. Krebs, 11.4.–21.4. Löwe, **1979** 20.3.–6.4. Fische, 7.4.–21.4. Widder, **1980** Löwe, **1981** Widder, **1982** Waage, **1983** Widder, **1984** Skorpion, **1985** Stier, **1986** 20.3.–27.3. Schütze, 28.3.–21.4. Steinbock, **1987** 20.3.–5.4. Stier, 6.4.–21.4. Zwillinge, **1988** 20.3.–6.4. Steinbock, 7.4.–21.4. Wassermann, **1989** Zwillinge, **1990** 20.3.–20.4. Wassermann, 21.4. Fische, **1991** 20.3.–2.4. Zwillinge, 3.4.–21.4. Krebs, **1992** 20.3.–27.3. Wassermann, 28.3.–21.4. Fische, **1993** Krebs, **1994** 20.3.–14.4. Fische, 15.4.–21.4. Widder, **1995** Löwe, **1996** 20.3.–23.3. Fische, 24.3.–21.4. Widder, **1997** Jungfrau, **1998** 20.3.–12.4. Widder, 13.4.–21.4. Stier, **1999** Skorpion, **2000** 20.3.–22.3. Widder, 23.3.–21.4. Stier, **2001** Schütze, **2002** 20.3.–12.4. Stier, 13.4.–21.4. Zwillinge, **2003** 20.3.–20.4. Steinbock, 21.4. Wassermann

Mars im Widder – DIREKTES EROBERUNGSSPIEL

Marsstärken Energisch, kühn, mutig, stolz
Marsschwächen Streitsüchtig, egoistisch

Sie haben einen tollen Mars! Als Herrscher des Widderzeichens, dessen Element zudem das Feuer ist, kann er sich hier so richtig entfalten. Diese Konstellation verleiht Feuer im Doppelpack, macht kämpferisch, mutig und furchtlos. Sie sind ein Draufgänger, ein Held und Abenteurer, jemand, der nicht lange fackelt, sondern nach seiner Fasson lebt und dafür sorgt, daß sein Wille geschehe.
Allerdings kann es sein, daß sich Ihr Mars (noch) »versteckt«, daß Sie sich und andere vor ihm schützen, ihn vielleicht unterdrücken oder verleugnen. Sie halten sich vielmehr für eine friedliche oder gehemmte Person. Das würde dann bedeuten, daß Sie Ihren Mars erst noch entdecken müssen. Vielleicht kennen Sie diese Kraft bisher nur als inneres Rumoren, als gelegentliches Beben, als völlig unerwarteten Wutausbruch. Möglicherweise steigt Ihnen Ihr Mars auch in den Kopf und macht sich dort schmerzhaft bemerkbar. Sie können jedenfalls sicher sein, daß dieser Mars zum Ausbruch drängt wie Feuer in einem Vulkan. Besser, Sie geben ihm rechtzeitig Raum und verschaffen sich so Luft! Was Ihnen hilft, ist eine Tätigkeit, die Ihnen möglichst viel Freiheit läßt. Erleichterung finden Sie auch über sämtliche aktiven Sportarten. Am wichtigsten aber ist, daß Sie mit der Zeit mehr und mehr zu Ihrem Mars stehen, sich mehr zutrauen, öfters mal über die Stränge schlagen und sich nicht selbst dafür tadeln, wenn Ihr »marsischer« Anteil über Sie kommt.

Mars-Check

Wie gut setze ich mich durch? Ich habe alle Voraussetzungen, um mich gut durchzusetzen.
Wie aggressiv macht mich mein Mars? Ich muß mich ausleben, sonst werde ich sehr aggressiv.
Wieviel Sexpower verleiht mir mein Mars? Wenn ich mich nicht selbst unterdrücke, habe ich jede Menge Sex.

Mars im Stier – GENUSSVOLLES EROBERUNGSSPIEL

Marsstärken Ausdauernd, zäh, sinnlich
Marsschwächen Jähzornig, gierig, stur

Mars im Stier bedeutet eine Verbindung von Feuer (denn Mars ist ein Feuerplanet) und Erde (denn Stier ist vom Element her Erde). Diese Kombination verleiht Ihnen die Stärke eines mittleren Erdbebens. Was Sie anpacken, ziehen Sie auch durch, denn Sie haben nicht nur Kraft, sondern sind auch zäh und ausdauernd. Ihr Feuer brennt nicht lichterloh (um dann rasch in sich zusammenzufallen), es gleicht einer beständigen Glut. Darüber hinaus bringt die Begegnung des »Sexplaneten« Mars mit dem Tierkreiszeichen Stier eine betont sinnliche Komponente in Ihr Dasein. Die dritte Haupteigenschaft dieser Marsposition ist ein enormer Erwerbstrieb: Ihr Lebtag arbeiten Sie für Sicherheit, Geld, ein Haus, Luxus und was auch immer. Sie sind dafür geboren, das Fleckchen Erde, auf dem Sie leben, in ein blühendes Paradies zu verwandeln.
Möglicherweise aber führt Ihr Mars ein Schattendasein, und Sie kennen ihn noch gar nicht richtig. Vielleicht schätzen Sie Ihr Leben überhaupt nicht als übermäßig sinnlich ein oder bezeichnen sich sogar als arm. Aber das heißt nur, daß Sie Ihren Mars noch nicht »gefunden« haben. Dennoch existiert er, seine kolossale Kraft, seine Sinnlichkeit und der Zug zu Reichtum schlummern in Ihnen.
Was Ihnen hilft, Ihren Mars zu »wecken«, ist körperliche Bewegung und Kontakt mit der Natur. Am wichtigsten aber ist, daß Sie an Ihren Mars glauben und in Ihrem Denken und Handeln Raum dafür schaffen.

Mars-Check
Wie gut setze ich mich durch? Wenn ich angegriffen werde, werde ich stark.
Wie aggressiv macht mich mein Mars? Ich kann furchtbar wütend werden, wenn man mich reizt.
Wieviel Sexpower verleiht mir mein Mars? Darüber muß man kein Wort verlieren – oder höchstens eines: viel …!

Mars in den Zwillingen – VERSPIELTES EROBERUNGSSPIEL

Marsstärken Gewandt, neugierig, vielseitig
Marsschwächen Unkonzentriert, zerstreut

Mars in den Zwillingen hilft Ihnen, ein unternehmerischer, vielseitig interessierter und talentierter Mensch zu sein. Diese Konstellation verleiht Ihnen ein Feuer, das mutig und unerschrocken macht. Mit Mars, dem Feuerplaneten, und Zwillinge, einem Luftzeichen, treffen zwei Elemente aufeinander, die eine sehr günstige Mischung ergeben: Feuer braucht Luft. Im übertragenen Sinne bedeutet Luft Kommunikation. Daraus folgt, daß Sie vitaler, lebendiger und feuriger werden, sobald Sie unter Menschen sind. Hingegen dämpft Alleinsein Ihr Temperament. Oder die Gedanken beginnen zu rotieren, und Sie können Ihren Kopf nicht mehr abschalten.
Ihre durch Mars in den Zwillingen gesteigerte Neugierde, Ihr Interesse an allem, läßt sich jedoch nur im Kontakt mit Ihrer Außenwelt ausreichend befriedigen.
Allerdings kann es auch sein, daß Sie Ihren Mars noch gar nicht richtig entdeckt haben und ihn daher nicht ausleben können. Ihr eigenes Leben kommt Ihnen vielleicht überhaupt nicht übermäßig interessant und abwechslungsreich, sondern eher ziemlich langweilig vor. Das hieße dann aber, daß Sie Ihren Mars schleunigst ans Licht holen sollten. In jedem Fall existiert diese lebendige Kraft in Ihnen. Daran gibt es keinen Zweifel.

Mars-Check

Wie gut setze ich mich durch? Verbal kann ich mich prima durchsetzen.
Wie aggressiv macht mich mein Mars? Ich schimpfe höchstens einmal kräftig.
Wieviel Sexpower verleiht mir mein Mars? Ich bin kein wildes Tier, aber ich habe viel Lust am Sex.

Mars im Krebs – GEFÜHLVOLLES EROBERUNGSSPIEL

Marsstärken Gefühlsstark, strebsam
Marsschwächen Nachlässig, »zickig«

Mars, der Feuerplanet, und Krebs, von seiner Energie her ein Wasserzeichen, treffen aufeinander. Das kann dazu führen, daß das Feuer zunächst einmal im Wasser erlischt. Dann ist man ein Mensch, der Schwierigkeiten hat, seinen Willen durchzusetzen, die Ellenbogen zu benutzen, sich zu behaupten – denn all dies sind Eigenschaften, die der Planet Mars verleiht. Zugleich ist man innerlich gespannt, spürt Wut, Frustration und Ungenügen, kann damit aber nicht richtig herausrücken.

Es gibt jedoch auch die Möglichkeit, den Mars im Krebs zu transformieren. Dabei gilt es zu akzeptieren, daß man zwar nicht so direkt und forsch handeln kann, wie man es bei einem ungebremsten Mars erwarten würde, dafür aber ein tiefes Gefühlsleben besitzt. Mit Mars im Krebs ist man in positivster Weise ein Mensch, der tief in sich hineinschaut und seine Seele (und auch die anderer) kennt. Wenn Sie Ihren Mars so leben und erleben, sind Sie ein rezeptiver, kreativer Mensch, einer, der durch sein Mitschwingen mit anderen und sein psychologisches Gespür am Ende genauso viel erreicht wie Menschen mit anderen Marspositionen.

Allerdings kann es auch sein, daß Ihr Mars noch ein Schattendasein führt. Sie schätzen ihn nicht und versuchen, ihn durch effektiveres Verhalten zu ersetzen. Nur funktioniert das so eben nicht: Am Ende werden Sie noch unsicherer sein.

Stehen Sie zu Ihrem Mars! Leben Sie Ihren Mars mit all seinen Widersprüchen. Betreiben Sie Weiterbildung in Sachen Psychologie. Das hilft Ihnen, sich selbst besser zu verstehen.

Mars-Check

Wie gut setze ich mich durch? Auf direktem Wege fällt es mir schwer, mich durchzusetzen.

Wie aggressiv macht mich mein Mars? Es braucht lange, bis ich wütend werde.

Wieviel Sexpower verleiht mir mein Mars? Wenn ich mich sicher fühle, bin ich sehr erotisch.

Mars im Löwen – IMPOSANTES EROBERUNGSSPIEL

Marsstärken Selbstbewußt, herzlich, stolz
Marsschwächen Selbstsüchtig, eitel

Sie haben einen besonders starken Mars, und das hat seinen guten Grund: Der feurige Planet Mars begegnet dem Löwen, einem dem Element Feuer zugehörenden Zeichen. Feuer trifft also auf Feuer, verdoppelt sich, wird zur lodernden Flamme. Da Feuer ein Symbol gleichermaßen für Tatkraft wie geistige Regsamkeit ist, müssen Sie ein dynamischer, unternehmungsfreudiger Mensch sein, dessen Wirken durchdrungen ist von geistiger Weitsicht und Größe. Ihren hohen Ansprüchen, mit denen Sie um die Durchsetzung Ihrer Ziele kämpfen, steht eine einnehmende Herzlichkeit und eine lockere, beinahe spielerische Haltung gegenüber. Man könnte meinen, Ihre Erfolge fallen Ihnen einfach in den Schoß. Aber Sie bekommen nichts »gratis«. Sie sind dem Leben und anderen Menschen gegenüber immer hilfsbereit und großzügig – und das gibt Ihnen das Leben zurück.
Sollten Sie sich in diesem Bild nicht finden und sich vom Leben eher benachteiligt als beschenkt fühlen, führt Ihr Mars ein Schattendasein. Sie haben ihn noch gar nicht richtig entdeckt und können ihn daher nicht ausleben.
Was Ihnen hilft, Ihren Mars zu »wecken«, ist Bewegung, Tanz, aktiver Sport. Vor allem aber müssen Sie direkter, spontaner und selbstbewußter werden. Sie müssen sich mit dem Mars in Ihrem Inneren verbinden – es ist alles da, was Sie brauchen.

Mars-Check
Wie gut setze ich mich durch? Damit habe ich überhaupt keine Probleme.
Wie aggressiv macht mich mein Mars? Ich bin nicht leicht aus der Ruhe zu bringen. Aber wenn es sein muß, kann ich richtig toben.
Wieviel Sexpower verleiht mir mein Mars? Starken Partnern schenke ich alles – Schwächlinge schläfern mich ein.

Mars in der Jungfrau – VERSTECKTES EROBERUNGSSPIEL

Marsstärken Geistig fit, vernünftig, aktiv, arbeitsmotiviert, fleißig
Marsschwächen Zwanghaft, überängstlich

Feuer und Erde verbinden sich bei der Konstellation Mars in der Jungfrau, einem Erdzeichen. Feuer und Erde zusammen wecken Aktivität, Arbeitswillen, Genauigkeit und Realitätssinn. Ihr Feuer gleicht einer anhaltenden Glut. Das macht Sie zu einem Menschen, der gern und gut arbeitet, ausdauernd und präzise ist, strategisch vorgeht und sich nicht unüberlegt in seine Arbeit stürzt. Mars in der Jungfrau macht auch vorsichtig. Das kann unter Umständen in Kleinlichkeit und Angst ausarten. Auch eine übertrieben kritische Haltung sich selbst und anderen gegenüber kann die Folge sein. Sie brauchen daher ein Ventil, etwas, das Ihnen erlaubt, Ihren Mars ohne zuviel Kontrolle und Analyse ausleben zu können, wie zum Beispiel Sport oder andere körperliche Aktivitäten. Auch riskante Freizeitbeschäftigungen (Paragliding, Klettern) sind für Sie und Ihren Mars geeignet: Sie passen nämlich gut auf sich auf – und Ihrem Mars ist Genüge getan. Das wiederum kommt, zusammen mit der Jungfrauenergie, Ihrem Schaffen zugute.
Sie sollten auch einen Weg finden, Ihre Wut und Ihre Verletzungen besser zu zeigen. Mit Mars in der Jungfrau neigt man nämlich dazu, seine Aggressionen zu unterdrücken und irgendwo zu »bunkern« – bis dann das Maß voll ist und man wegen einer Kleinigkeit »an die Decke geht«.

Mars-Check

Wie gut setze ich mich durch? Ich habe Probleme, mich durchzusetzen.
Wie aggressiv macht mich mein Mars? Ich brauche lange, bis ich explodiere.
Wieviel Sexpower verleiht mir mein Mars? Ich bin kein Hengst, aber auch keine Schnecke. Erfolg macht mich sexy.

Mars in der Waage – RAFFINIERTES EROBERUNGSSPIEL

Marsstärken Lebhaft, gesellig, charmant, beliebt, ausgleichend, korrekt
Marsschwächen Ausschweifend, untreu, unmäßig

Mit Ihrer Marsposition vereinigen sich Feuer (Mars) und Luft (Waage). Diese Kombination kommt beiden Elementen zugute und wertet sie auf. Sie sind daher ein leichter, »luftiger« Mensch von sanguinischem Temperament und besitzen die Gabe, andere rasch für sich einzunehmen. Ihr Auftreten ist charmant, einfühlsam, zuvorkommend. Ihr Mars in der Waage macht Sie auch zu einem Streiter für Frieden und Ausgleich. Wo immer Ungerechtigkeiten und Zwietracht herrschen, fühlen Sie sich aufgerufen, zu schlichten und zu versöhnen. Zuweilen bricht aber auch bei Ihnen Mars in all seiner Heftigkeit durch, nämlich dann, wenn Sie zu lange versucht haben, ihn zu kontrollieren und zu unterdrücken.
Mars in der Waage führt auch zu starker Denkarbeit. Sie glauben, alle Probleme mit dem Kopf lösen zu können. Wichtig ist, sich für Ihren Mars ein Ventil zu suchen. Man kann diesen Planeten nicht zu permanenter Friedfertigkeit veranlassen. Aber wenn Sie ihn anderweitig leben, beim Sport, bei abenteuerlicher Freizeitgestaltung, dann gelingt es Ihnen besser, Ihren Mars für Ihre friedlichen Missionen einzuspannen. Ein weiteres Plus Ihrer Marsposition ist ein guter Geschmack und künstlerisches Talent.

Mars-Check

Wie gut setze ich mich durch? Ich bin ein guter Taktiker.
Wie aggressiv macht mich mein Mars? Eigentlich bin ich sehr friedlich, aber manchmal explodiere ich schon wegen einer Kleinigkeit.
Wieviel Sexpower verleiht mir mein Mars? Sex habe ich genug. Aber ich suche mehr, und zwar geistiges Verstehen.

Mars im Skorpion – INBRÜNSTIGES EROBERUNGSSPIEL

Marsstärken Kraftvoll, ausdauernd, hartnäckig, leidenschaftlich, furchtlos und mutig
Marsschwächen Lasterhaft, rachsüchtig

Ihnen steht ein besonderer Mars, eine starke, vitale Kraft zur Seite. Sie sind ausgesprochen zäh, wenn es um die Verwirklichung eines Zieles geht, an dem Ihnen auch emotional liegt. Selbst Mühen und Unannehmlichkeiten, mit denen sich andere Menschen nicht belasten würden, nehmen Sie dann gern in Kauf. Nicht verwunderlich ist es, daß diese Hartnäckigkeit mitunter zu außerordentlichen Leistungen führt. Dennoch sind Sie kein Kraftprotz, einer, der die Muskeln spielen läßt und bei jeder Gelegenheit zeigen will, was er draufhat. Skorpion ist vom Element her ein Wasserzeichen. Die Kraft des Planeten Mars ist nicht auf äußere Wirkung aus. Seine Power geht nach innen. Diese Marsposition führt dazu, daß Sie instinktmäßig wissen, wann Ihr Einsatz wichtig ist, wann etwas Bedeutsames und Wichtiges ansteht und erledigt werden muß: Dann werden Sie zum »Helden«. Daher ist Ihnen zu raten, Herausforderungen zu suchen und anzunehmen. Nur dann steht Ihr Mars voll auf Ihrer Seite, während Sie sonst beinahe müde und lustlos sein können.
Ihr Mars neigt zur Zerstörung. Das ist immer dann gut, wenn etwas alt, verbraucht, überholt und ein neuer Anfang angezeigt ist. Aber hüten Sie sich vor mutwilliger Zerstörung! – Mit Mars im Skorpion verfügen Sie auch über eine kolossale Sexpower. Sie sind leidenschaftlich, triebstark und letztendlich beseelt von der Idee, für Nachwuchs zu sorgen.

Mars-Check
Wie gut setze ich mich durch? Ich bringe meine Power indirekt ein und setze so meinen Willen durch.
Wie aggressiv macht mich mein Mars? Ich kann alles zerstören.
Wieviel Sexpower verleiht mir mein Mars? Mehr als allen anderen.

Mars im Schützen – FEURIGES EROBERUNGSSPIEL

Marsstärken Schlagfertig, gerecht, begeisterungsfähig, klar und offen
Marsschwächen Streitbar, aggressiv, beleidigend

Mit Mars im Schützezeichen trifft Feuer wieder auf Feuer und wird zur lodernden Flamme: Ihr Mars zeigt sich mit besonderer Intensität. Da Feuer ein Symbol gleichermaßen für Tatkraft wie geistige Regsamkeit ist, müssen Sie ein dynamischer, unternehmungsfreudiger Mensch sein, dessen Wirken durchdrungen ist von geistiger Weitsicht und Größe. Ihr Handeln und Wirken wird stark von Idealen geleitet: von Gerechtigkeit, Ritterlichkeit und Fairneß. Sie sind leicht zu begeistern und – einmal in Schwung – kaum zu bremsen. Was Sie brauchen, ist ein Ziel, eine Hoffnung, eine Perspektive, sonst erlischt Ihr Feuer.
Allerdings kann es auch sein, daß Ihr Mars noch ein Schattendasein führt, daß Sie ihn noch gar nicht richtig entdeckt haben. Vielleicht meinen Sie, keineswegs feurig oder übermäßig aktiv zu sein, sondern erleben sich eher als passiven Zeitgenossen. Dies hieße dann, daß Sie einen Teil Ihres Selbst negieren – und sich auf die Suche nach Ihrem Mars begeben sollten.
Was Ihnen hilft, Ihren Mars zu »wecken«, ist Bewegung, Tanz, aktiver Sport und Reisen. Vor allem aber müssen Sie direkter, spontaner und selbstbewußter werden. Sie müssen sich mit dem Mars in Ihrem Inneren verbinden – es ist alles da, was Sie brauchen.

Mars-Check

Wie gut setze ich mich durch? Solange Fairneß herrscht, kann ich mich prima durchsetzen.
Wie aggressiv macht mich mein Mars? Ich bin nicht aggressiv, aber für eine gute Sache werde ich zum heiligen Krieger.
Wieviel Sexpower verleiht mir mein Mars? Sex bringt mich dem Himmel näher.

Mars im Steinbock – BERECHNENDES EROBERUNGSSPIEL

Marsstärken Verantwortungsvoll, geduldig, zäh, mutig, tatkräftig
Marsschwächen Eigenwillig, mißmutig

Mars im Steinbock führt zu einer Verbindung von Feuer und Erde, da der Steinbock zu den Erdzeichen zählt. Feuer und Erde zusammen wecken Arbeitswillen, Genauigkeit und Realitätssinn. Ihr Feuer brennt nicht lichterloh (um sich dann rasch zu verzehren), sondern lang anhaltend wie eine wohlgeschürte Glut. Das macht Sie zu einem Menschen, der gern und gut arbeitet, ausdauernd und präzise ist, strategisch vorgeht und sich nicht unüberlegt in seine Tätigkeiten stürzt. Mars im Steinbock macht auch extrem widerstandsfähig. Man kann Sie mit einem Diamantbohrer vergleichen, der sich in eine Sache unaufhaltsam hineinfrißt. Mars im Steinbock macht erfolgreich. Er verleiht Ihnen die entsprechende Motivation und ein Gespür für Machtverhältnisse.
Diese Konstellation bedeutet aber auch, daß sich Mars total wandeln muß. Aus einer impulsiven, feurigen, leicht erregbaren, leidenschaftlichen Energie wird eine kontrollier- und regelbare Kraft, die sich einer höheren Absicht fügt und dem Allgemeinwohl dient. Sie dürfen allerdings die ursprüngliche Qualität von Mars nicht vollständig verlieren. Das würde zu Aggressionsstau und unter Umständen sogar zu gesundheitlichen Problemen führen. Es ist also wichtig, sich für Ihren Mars ein Ventil zu suchen. Wenn Sie ihn anderweitig leben, beim Sport oder bei abenteuerlicher Freizeitgestaltung, dann gelingt es Ihnen besser, Ihren Mars für Ihre höheren Zwecke einzuspannen.

Mars-Check
Wie gut setze ich mich durch? Ich bin ein harter Arbeiter und schaffe alles, was ich will.
Wie aggressiv macht mich mein Mars? Normalerweise bin ich friedlich. Wer es aber drauf anlegt, wird mich kennenlernen.
Wieviel Sexpower verleiht mir mein Mars? Wenn die Verhältnisse stimmen, hole ich mir auch hier meine Gipfelerlebnisse!

Mars im Wassermann – GEISTREICHES EROBERUNGSSPIEL

Marsstärken Aufgeweckt, innovativ, selbständig, schöpferisch
Marsschwächen Prahlerisch, eingebildet

Mit Ihrer Marsposition vereinigen sich Feuer (Mars) und Luft (Wassermann). Diese Kombination kommt beiden Elementen zugute und wertet sie auf. Sie sind daher ein leichter, »luftiger« Mensch, der die Gabe besitzt, andere für sich einzunehmen. Ihr Auftreten ist charmant, einfühlsam und zuvorkommend.
Alltag, graues Einerlei, tägliche Routine erzeugen bei Ihnen eine Gänsehaut. Sie möchten Neues erschaffen, eingefahrene Gleise verlassen, originell und schöpferisch sein. Freiheit ist für Sie überaus wichtig. Sie arbeiten besser, wenn Sie nicht ständig jemand gängelt. Sie sind der geborene »Freelancer«. Ihr ausgeprägtes Improvisationstalent ermöglicht Ihnen, originelle und unkonventionelle Lösungen zu finden, wenn Sie nicht durch Vorgaben eingeschränkt werden. In Beziehungen wird es Ihnen ebenfalls schnell zu eng. Eine Ehe bereitet Ihnen (auch) Probleme, Sie fühlen sich unfrei, wie »eingesperrt«.
Vielleicht aber entspricht diese Charakterisierung nicht Ihrem Selbstbild: Weder schätzen Sie sich als unabhängig oder freiheitsliebend noch als übermäßig schöpferisch ein. Dann ist zu vermuten, daß Ihr Mars noch auf seine Entdeckung wartet. Machen Sie sich auf die Suche! Was Ihnen hilft, Ihren Mars zu »wecken«, ist Bewegung, vor allem Tanz. Noch wichtiger aber ist, unkonventioneller und spontaner zu werden. Sie müssen sich mit dem Mars in Ihrem Inneren verbinden – es ist alles da, was Sie benötigen.

Mars-Check

Wie gut setze ich mich durch? Ich bin genial, aber nicht unbedingt durchsetzungsstark.
Wie aggressiv macht mich mein Mars? Ich hasse aggressive Menschen.
Wieviel Sexpower verleiht mir mein Mars? Sex ist schön, aber er ist nicht alles.

Mars in den Fischen – SPHINXHAFTES EROBERUNGSSPIEL

Marsstärken Empfänglich, intuitiv, einfühlsam, kreativ
Marsschwächen Willensschwach, beeinflußbar, täuschbar

Der Feuerplanet Mars steht im Wasserzeichen Fische: Feuer und Wasser treffen aufeinander. Das kann dazu führen, daß das Feuer zunächst einmal ausgeht. Dann sind Sie jemand, der Schwierigkeiten hat, seinen Willen durchzusetzen, die Ellenbogen zu benutzen und sich zu behaupten – denn all dies sind marsische Eigenschaften. Gleichzeitig fühlen Sie sich jedoch innerlich gespannt, spüren Wut, Enttäuschung und Ungenügen, kommen damit aber nicht richtig heraus.
Es gibt jedoch auch die Möglichkeit, den Mars in den Fischen zu transformieren. Dazu muß man akzeptieren, daß man zwar nicht so direkt und forsch vorgeht, wie man es bei einem ungebremsten Mars erwarten würde, dafür aber eine andere Fähigkeit besitzt, nämlich ein kolossales Gespür. Das Fischezeichen ist seinem Wesen nach »transparent«, es besitzt keine klaren Grenzen, versetzt jemanden daher in die Lage, sich universell zu »vernetzen«. Man besitzt also eine Art sechsten Sinn, spürt andere Menschen, die sich nicht einmal in der Nähe aufhalten, ja, vermag sich sogar in die Zukunft zu »beamen«. Mars kann all diese Fähigkeiten noch steigern: Man wird zum paranormalen Individuum.
Wenn Sie Ihren Mars so in Ihr Leben integrieren, sind Sie ein Mensch, der durch sein Mitschwingen mit anderen und sein psychologisches Gespür am Ende genauso viel erreicht wie Menschen mit anderen Marspositionen.

Mars-Check
Wie gut setze ich mich durch? Damit habe ich Probleme. Versuche ich es dennoch, muß ich von der Sache hundertprozentig überzeugt sein.
Wie aggressiv macht mich mein Mars? Es dauert ewig, bis ich aus der Haut fahre.
Wieviel Sexpower verleiht mir mein Mars? Sex ist wunderbar, aber er ist nicht alles ...

Das Jupiterhoroskop – INNERLICH UND ÄUSSERLICH REICH UND ERFOLGREICH SEIN

Jupiterzeichen

Nachts, wenn Venus nicht mehr (oder noch nicht) am Himmel leuchtet, ist Jupiter einer der hellsten Sterne überhaupt. Kein Wunder daher, daß er unseren Vorfahren, die der Nacht in viel umfassenderem Maße ausgeliefert waren als wir heute in unserer künstlich erhellten Zeit, ein Symbol für Hoffnung, Trost, Stimmigkeit und Gerechtigkeit war. Oft verband man ihn mit der obersten Gottheit.

So auch in der griechischen Mythologie, auf die sich die Symbolik der Astrologie entscheidend bezieht. Jupiter heißt bei den Griechen »Zeus«, und über ihn gibt es unzählige Mythen. So war er es, der gegen seinen Vater Saturnus bzw. Kronos, den obersten der Titanen, antrat

und ihn besiegte. Saturnus hatte nämlich außer Zeus alle seine Nachkommen aufgefressen, weil ihm geweissagt worden war, daß ihn eines seiner Kinder vom Throne stoßen würde. Rheia, Zeus' Mutter, versteckte ihren Sohn vor dem Vater, und die Prophezeiung erfüllte sich: Zeus entthronte ihn und warf ihn in den Tartaros.
Andere Geschichten über Zeus/Jupiter erzählen eher Delikates. So gelüstete es den obersten Gott wie gesagt immer wieder nach weltlichen Frauen, die er durch List dazu brachte, mit ihm zu schlafen und Kinder von ihm zu empfangen. Bei Leda zum Beispiel verwandelte er sich in einen Schwan und zeugte mit ihr Pollux. Auch Herakles und Dionysos entstammten seinem gemeinsamen Lager mit sterblichen Frauen. Gezeugt durch den unsterblichen Jupiter, erlangten seine Kinder ebenfalls die Unsterblichkeit.
Die Position Jupiters im Horoskop verweist daher einerseits auf tiefe Einsichten: Jupiter sorgt dafür, daß uns »ein Licht aufgeht«, wir letzten Endes weise werden. Auf der anderen Seite verkörpert Jupiter eine Gestalt, der eine unendlich große Liebe zukommt. Sinnbildlich gesprochen, sehnt sich der Mensch danach, sich mit dem göttlichen Jupiter zu vereinigen, um Kinder (symbolisch für Ideen und Taten) zu gebären, die unsterblich sind.
Des weiteren repräsentiert Jupiter den großen Helfer und Heiler. Dort, wo er im Horoskop steht, findet der Mensch Kräfte, sich und andere zu trösten und zu stärken. Am bekanntesten ist Jupiter in der Astrologie aber deswegen, weil er das Glück verheißt.

DIE ERMITTLUNG DES JUPITERZEICHENS

Suchen Sie in der Jupitertabelle Ihren Geburtstag, und entnehmen Sie Ihre Jupiterposition, die Sie auf den entsprechenden Text im anschließenden Kapitel über die Jupiterzeichen verweist. (Siehe auch die Vorbemerkung am Beginn von Teil II dieses Buches.)

Die Jupitertabelle

1920* Löwe, **1921** Jungfrau, **1922** Waage, **1923** Skorpion, **1924** Schütze, **1925** Steinbock, **1926** Wassermann, **1927** Fische, **1928** Widder, **1929** Stier, **1930** Zwillinge, **1931** Krebs, **1932** Löwe, **1933** Jungfrau, **1934** Waage, **1935** Skorpion, **1936** Schütze, **1937** Steinbock, **1938** Wassermann, **1939** Fische, **1940** Widder, **1941** Stier, **1942** Zwillinge, **1943** Krebs, **1944** Löwe, **1945** Jungfrau, **1946** Waage, **1947** Skorpion, **1948** Schütze, **1949** 20.3.–12.4. Steinbock, 13.4.–21.4. Wassermann, **1950** 20.3.–14.4. Wassermann, 15.4.–21.4. Fische, **1951** Fische, **1952** Widder, **1953** Stier, **1954** Zwillinge, **1955** Krebs, **1956** Löwe, **1957** Jungfrau, **1958** 20.3. Skorpion, 21.3.–21.4. Waage, **1959** Schütze, **1960** Steinbock, **1961** Wassermann, **1962** 20.3.–25.3. Wassermann, 26.3.–21.4. Fische, **1963** 20.3.–3.4. Fische, 4.4.–21.4. Widder, **1964** 20.3.–11.4. Widder, 12.4–21.4. Stier, **1965** Stier, **1966** Zwillinge, **1967** Krebs, **1968** Löwe, **1969** 20.3.–30.3. Waage, 31.3.–21.4. Jungfrau, **1970** Skorpion, **1971** Schütze, **1972** Steinbock, **1973** Wassermann, **1974** Fische, **1975** Widder, **1976** 20.3.–25.3. Widder, 26.3.–21.4. Stier, **1977** 20.3.–3.4. Stier, 4.4.–21.4. Zwillinge, **1978** 20.3.–11.4. Zwillinge, 12.4.–21.4. Krebs, **1979** 20.3.–20.4. Krebs, 21.4. Löwe, **1980** Jungfrau, **1981** Waage, **1982** Skorpion, **1983** Schütze, **1984** Steinbock, **1985** Wassermann, **1986** Fische, **1987** Widder, **1988** Stier, **1989** Zwillinge, **1990** Krebs, **1991** Löwe, **1992** Jungfrau, **1993** Waage, **1994** Skorpion, **1995** Schütze, **1996** Steinbock, **1997** Wassermann, **1998** Fische, **1999** Widder, **2000** Stier, **2001** Zwillinge, **2002** Krebs, **2003** Löwe

* Siehe auch die Anmerkung zur Mondtabelle.

Jupiter im Widder – DAS GLÜCK DES FEUERS

Jupiterstärken Selbstvertrauen, Optimismus
Jupiterschwächen Prahlerei

Ihr Glück ist für Sie die Möglichkeit, Ihren Willen und Ihre Impulse spontan und unmittelbar umsetzen zu können. Sie sind ein Abenteurer – in Wirklichkeit wie im Geiste. Sie möchten wie Kolumbus die Welt entdecken. Und wie Einstein, Hildegard von Bingen oder Galileo Galilei den Gipfel menschlicher Erkenntnis erreichen. Wenn Sie sich bewegen, geistig wie körperlich, sind Sie Ihrem Schöpfer am nächsten. Stillstand hingegen weckt Resignation; Sie fühlen sich fern und ausgestoßen vom großen Ganzen. Durch Ihre optimistische und positive Weltauffassung sind Sie dafür bestimmt, anderen voranzugehen oder ihnen den Weg zu weisen. Denn Sie tragen eine Fackel des Lichts und der Wahrheit.
So schlummert auch ein Heiler und Prophet in Ihnen, der im Laufe Ihres Lebens geweckt werden will. Bevor Sie allerdings selber ein Lichtbringer sein können, werden Sie Persönlichkeiten suchen, die Ihnen auf Ihrem eigenen Weg ein Vorbild sind. Mit der Gabe, andere zu führen, müssen Sie behutsam umgehen. Hüten Sie sich, andere zu blenden oder sich über deren Unwissen zu erheben. Sie dürfen Ihre Demut nie verlieren, und Sie dürfen nicht vergessen, daß Sie selbst auch – und sogar zuallererst – ein Suchender sind.

Jupiter-Check
Wie habe ich Erfolg, inneres und äußeres Glück? Durch Handeln, Reisen, Unternehmungen, Initiativen.
Wie kann ich helfen und heilen? Durch tatkräftiges Unterstützen, Körpertherapie, Yoga, Sport, Wärme. Andere motivieren, ihnen Mut zusprechen.

Jupiter im Stier – DAS GLÜCK DER ERDE

Jupiterstärken Geduld, Großzügigkeit
Jupiterschwächen Bequemlichkeit

Ihr Glück liegt im ungestörten Genuß. Überfluß und Sicherheit bedeuten für Sie die Erfüllung Ihrer Wünsche. Natürlich würden Sie Ihr erstrebtes Glück, wenn es möglich wäre, herbeizaubern, aber Sie können auch warten. Wie ein Gärtner geduldig sät und die wachsenden Pflanzen hegt, damit sie zur vollen Größe gedeihen können, so überwachen Sie Ihr Hab und Gut, Ihre Anlagen und Talente und entwickeln sie zur vollen Reife.
Der Vergleich mit dem Gärtner ist auch in anderer Hinsicht passend. Denn Sie lieben die Natur. Eine Waldlichtung im Frühling erscheint Ihnen als Dom, und Sie sind Ihrem Schöpfer dort vielleicht näher als in einer Kirche. Die Natur zeigt Ihnen absolute Ordnung, Stimmigkeit und Erfüllung. Und Natur heilt. Sie heilt Sie, wenn Sie erschöpft oder krank sind. Sie brauchen sich nur unter einen Baum zu legen, und Sie fühlen sich sofort besser.
In der Natur finden Sie aber auch die Stoffe, um andere zu heilen. Nahrung, Heilkräuter, homöopathische Essenzen. Alles erhält durch Ihren Jupiter eine höhere Potenz, heilt und macht ganz. Sie sollten sich jedoch davor hüten, sich nicht im reinen Besitz zu verlieren: Ein Baum sammelt nicht die Erde, die ihn hält, er benützt sie, um in den Himmel zu wachsen.

Jupiter-Check
Wie habe ich Erfolg, inneres und äußeres Glück? Durch Geduld und Nähe zur Erde. Durch materiellen Wohlstand. Durch Liebe und Sinnlichkeit.
Wie kann ich helfen und heilen? Durch die Heilkräfte der Natur. Aber auch allein ihre Nähe beruhigt und heilt.

Jupiter in den Zwillingen – DAS SELBSTVERSTÄNDLICHE GLÜCK

Jupiterstärken Begeisterungsfähigkeit
Jupiterschwächen Ruhelosigkeit

Ihr Glück finden Sie im Alltäglichen, auf einem Wochenmarkt, im Zug, bei einer Unterhaltung mit Freunden und Bekannten. Aber auch zu Menschen, die Sie noch nicht kennen, finden Sie rasch einen Bezug und große Nähe. Dieses »kleine Glück« bedeutet Ihnen wesentlich mehr als die Suche nach großer und absoluter Erfüllung.
Sie haben eine enorme sprachliche Begabung und werden in Ihrem Leben bestimmt mehrere Sprachen lernen. Sie können auch gut schreiben und sprechen.
Um sich wohl zu fühlen, brauchen Sie die Geselligkeit, den verbalen Austausch und die lebendige Kommunikation. Unter Menschen finden Sie zu sich und fühlen sich aufgehoben im Ganzen der Schöpfung. Allein hingegen verlieren Sie Ihre innere Sicherheit und den tiefen Glauben, daß alles sinnvoll und von höherem Willen getragen ist. Daher ist es auch Ihre Aufgabe, Menschen miteinander zu verbinden, damit sie sich nicht als Individuen erfahren, die wie Robinson Crusoe »allein auf einer Insel« leben. Der Mensch ist ein soziales Wesen. Er wächst in einer Familie auf, schafft sich später seine eigene Familie, seine Arbeitswelt, seine Freunde. Selbst wenn er die Erde verläßt, geht er nicht in die Einsamkeit, sondern dorthin, wo sich immer schon alle aufhalten. Sie sind auf der Welt, um Menschen aus ihrer Einsamkeit zu befreien, in die sie irrtümlicherweise geraten sind.

Jupiter-Check
Wie habe ich Erfolg, inneres und äußeres Glück? In den »kleinen«, alltäglichen Dingen, die um Sie herum sind. Und in der Begegnung mit anderen.
Wie kann ich helfen und heilen? Durch gute Worte, aufmunternden Zuspruch, durch Zuhören und Teilnahme. Durch Schaffen von Verbindungen.

Jupiter im Krebs – DAS GLÜCK DES FÜHLENS

Jupiterstärken Suggestivwirkung, Phantasie
Jupiterschwächen Gefühlspathos, Mißbrauch

Glück finden Sie in Ihren eigenen und in den Gefühlen anderer. Auch Musik oder ein Gedicht weckt ein Ahnen, das Sie Ihrem Schöpfer näherbringt. Gott ist Ihrer Meinung nach ein Gefühl der Verschmelzung mit dem Strom, aus dem alles kommt, und dem Ozean, in den alles mündet.
Man könnte Sie auch einen »Seelentaucher« nennen, denn Ihre liebste Beschäftigung ist, in Ihre eigene oder die Seele anderer Menschen zu tauchen. Eine gesunde und heile Psyche ist für Sie unerläßlich, um zufrieden zu sein. Daher wenden sich auch andere Menschen an Sie, weil sie instinktiv spüren, daß Sie ihnen dabei helfen können, die eigene Seele zu heilen. So betrachtet sind Sie ein Lichtbringer, der anderen Frieden schenkt.
In der Familie sehen Sie den Anfang allen Glücks – aber auch den Anfang allen Elends. Sie werden daher nicht müde, die heile, sinnstiftende, ganzheitliche, befreiende Familie zu postulieren. In diesem Zusammenhang ist eines sehr wichtig: Sosehr Sie die Familie lieben, so fern liegt es Ihnen, nur Ihr eigenes Nest zu bewundern. Ganz im Gegenteil, fremde Sitten und Gewohnheiten sind Ihnen ebenso wichtig wie die eigenen. Am liebsten würden Sie in einer Gemeinschaft leben, die von Menschen der unterschiedlichsten Herkunft getragen wird.
Geborgenheit ist für Sie kein leeres Wort, sondern ein anderer Ausdruck für Erfüllung, Heimat, Göttlichkeit und Ewigkeit. Wie ein Seismograph erspüren Sie daher Unstimmigkeiten in Ihrer Umgebung, die Disharmonie verursachen und den Frieden stören können. Ihre großen heilerischen Fähigkeiten ermöglichen es, solche Dissonanzen zur Auflösung zu bringen. Hüten Sie sich aber davor, als Retter aufzutreten. Sie sind stark, wenn Sie gewisse Dinge einfach nur geschehen lassen.

Jupiter-Check
Wie habe ich Erfolg, inneres und äußeres Glück? Im Fühlen, in der Liebe, im Geben, in der Familie, in der Vergangenheit, bei den Ahnen.
Wie kann ich helfen und heilen? Durch aufdeckende Gespräche und Begleiten.

Jupiter im Löwen – DAS GLÜCK DER FREUDE

Jupiterstärken Herzenswärme, Großmut
Jupiterschwächen Eitelkeit, Dünkel

Glück bedeutet für Sie, die Möglichkeit zu haben, spontan und großzügig schenken zu können. Äußere Werte sind Ihnen deshalb nicht unwichtig, denn nur wer hat, kann geben. Aber Sie sind absolut kein Materialist, im Gegenteil: Wenn Sie nach Macht und Einfluß streben, dann nicht in erster Linie um persönlicher Vorteile willen, sondern weil Sie überzeugt sind, mit Ihrem Eintreten für Ihre Werte einen wichtigen Beitrag für die Allgemeinheit leisten zu können. Geben und großzügig sein zu können sind für Sie wesentliche Eigenschaften. Aber dieses Geben bezieht sich auf ganz andere Dinge als auf Geld und schöne Geschenke: In Ihnen lebt auch die Göttin der Muse, die nur geweckt werden möchte, um andere zu erfreuen, zu unterhalten, zu erheben. Als Künstler, Maler, Musiker, Bildhauer, Poet – darin steckt Ihre größte Erfüllung. Sie müssen jedoch nicht bühnenreif singen oder druckreif schreiben können, um Ihrer Bestimmung als »göttlicher Unterhalter« gerecht zu werden. Wo immer Sie unter Menschen sind, verbreiten Sie Ihren Optimismus. So liegt denn Ihre Bestimmung auch darin, anderen die Freude am Leben zu zeigen.
Wovor Sie sich hüten müssen, ist Ihr Stolz. Sie können nur schwer Kritik ertragen. Und wenn sich andere von Ihnen abwenden, erleben Sie das immer als persönlichen Affront. Bleiben Sie heiter! Tragen Sie das Feuer der Freude unter die Menschen! Aber achten Sie darauf, daß Sie niemanden damit verbrennen!

Jupiter-Check
Wie habe ich Erfolg, inneres und äußeres Glück? Durch lebendige Teilnahme am Leben. Durch Großzügigkeit. Durch die Kraft der Heiterkeit.
Wie kann ich helfen und heilen? Zeigen Sie anderen das Leben, wie Sie es wahrnehmen, als nährenden Urgrund, als göttlichen Spielplatz.

Jupiter in der Jungfrau – DAS GLÜCK DER GESUNDHEIT

Jupiterstärken Engagement, Bescheidenheit
Jupiterschwächen Zersplitterung

Glück ist für Sie die einfachste Sache der Welt, es liegt vor der Tür, es muß nur gefunden und aufgehoben werden. Sie sind daher auch kein Freund großangelegter und sich ewig hinziehender Expeditionen auf der Suche nach dem Glück. Entweder es ist hier – oder nirgends. Manchmal finden Sie das Glück in der Arbeit. Es stimmt Sie völlig zufrieden, wenn Dinge passen oder richtig ineinandergefügt sind und am Schluß eine Maschine läuft oder ein bestimmtes Programm Ergebnisse liefert. Manchmal finden Sie Ihr Glück in der Ordnung: Insbesondere die Natur ist Ihnen darin ein genialer Lehrmeister. Die Folge der Jahreszeiten, das Ineinandergreifen von Phasen des Wachstums und der Stagnation – das alles ist für Sie ein Ausdruck göttlicher Ordnung, die sich in Geschehnissen am Himmel tagtäglich und jahraus, jahrein wiederholt. Auf besondere Weise faszinieren Sie aber die Vorgänge im menschlichen Körper. Dieses tagtägliche Wunder von Nahrungsaufnahme und Verwandlung in Leben, das Ineinandergreifen von Atmung und dem Schlagen des Herzens, das alles ist für Sie ein sinnhafter Beweis göttlichen Wirkens.
Ihr Wissen über die Natürlichkeit und Göttlichkeit des menschlichen Seins befähigt Sie daher zum Heiler. Dafür müssen Sie nicht gleich Arzt, Heilpraktiker oder Psychotherapeut sein. Allein durch Ihre Nähe und Ihr Bewußtsein bewirken Sie bei anderen kleine Quantensprünge. Je weiter Sie selbst sind, um so eher können Sie anderen ein Vorbild sein. Wovor Sie sich hüten müssen, ist, Ihr wertvolles Wissen zu mißbrauchen. Wirken Sie durch Ihr gutes Beispiel und nicht durch Druck und Besserwisserei!

Jupiter-Check
Wie habe ich Erfolg, inneres und äußeres Glück? Im alltäglichen Tun. In der Arbeit. Im Gefühl der Ordnung.
Wie kann ich helfen und heilen? Durch bewußte Ernährung. Durch Studium von Körper und Geist. Durch Lernen von der Natur.

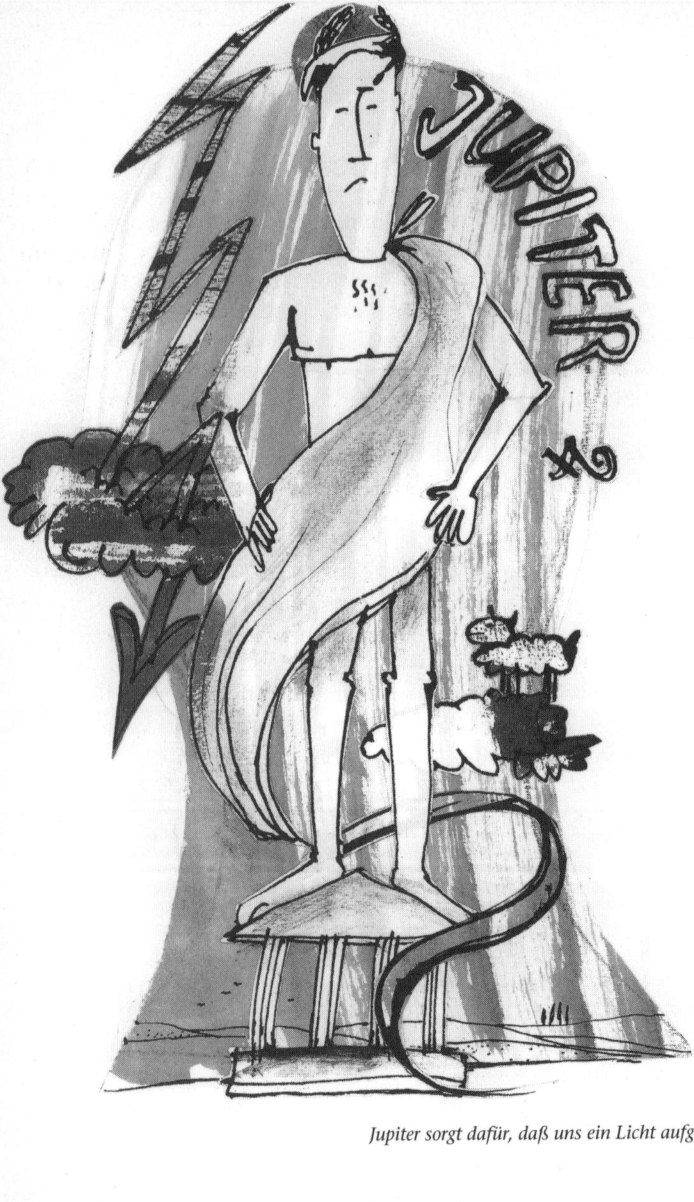

Jupiter sorgt dafür, daß uns ein Licht aufgeht

Jupiter in der Waage – DAS GLÜCK DER LIEBE

Jupiterstärken Toleranz, Lebenskünstler
Jupiterschwächen Eitelkeit, Genußsucht

Glück finden Sie in der Kraft der Liebe. Sie müssen nicht einmal selbst daran unmittelbar beteiligt sein. Auch wenn andere Menschen die Liebe finden, fühlen Sie sich angenommen, zu Hause, eins mit der Schöpfung. Noch göttlicher ist es natürlich, wenn die Liebe Sie selbst betrifft ... Auf einer Wolke schweben Sie, im Paradies sind Sie, im Himmel ... Liebe ist Ihrer Meinung nach Ursprung und Ziel allen Seins. Gott ist die Liebe, und das Leben entspringt aus ihr. Der Liebe geben Sie alles. Umgekehrt beschenkt Sie die Liebe auch. Sie erhalten die Fähigkeit, andere tief zu berühren, sie zu trösten, zu erfreuen und aufzubauen. Ihre Liebe ermöglicht es Ihnen, unterschiedliche Tendenzen und Wünsche aufzunehmen und in Einklang zu bringen. Sie finden immer wieder tragfähige Kompromisse, bei denen niemand der Verlierer ist. Ihr sicheres Geschick prädestiniert Sie für viele Tätigkeiten und Berufe, bei denen es auf Vermittlerqualitäten ankommt, zum Beispiel in der Politik, wenn es darum geht, Menschen mit den unterschiedlichsten Meinungen an einen Tisch zu bringen.
Auch der Kunst gehört Ihr Herz. Allerdings zählt für Sie nur das zur Kunst, was von Liebe getragen ist und Harmonie und Stimmigkeit ausdrückt. Im Grunde genommen schlummert in Ihnen selbst ein Künstler, der darauf wartet, seine Fähigkeiten zum Fließen bringen zu können.
Wovor Sie sich hüten müssen, ist, sich von Liebe und Harmonie einlullen zu lassen. Alles im Leben hat zwei Seiten. Zur Liebe gehört Auseinandersetzung und zur Harmonie Spannung. Nur wenn Sie das Gleichgewicht zwischen Harmonie und Spannung finden, ergibt sich vollendete Liebe.

Jupiter-Check

Wie habe ich Erfolg, inneres und äußeres Glück? Indem Sie verzeihen, lieben, empfangen und geben.
Wie kann ich helfen und heilen? Allein Ihre Nähe heilt.
Ihre Berührungen sind Labsal für Körper, Seele und Geist.

Jupiter im Skorpion – DAS GLÜCK DER TIEFE

Jupiterstärken Tiefgründigkeit, Spiritualität
Jupiterschwächen Exaltiertheit, Despotentum

Glück findet sich Ihrer Meinung nach auf dem Grund aller Dinge, nicht an der Oberfläche. Dieses Wissen haben Sie mit in die Welt gebracht. Es ist die Wahrheit, die Ihnen Ihr Jupiter verkündet und die Sie Ihrerseits weiterverbreiten. Sie kennen die Höhen und Tiefen menschlicher Existenz, und Sie lassen sich nicht blenden vom sogenannten schönen Schein.

Was die Welt wirklich zusammenhält, ist der ewige Kreislauf von Zeugung, Geburt, Leben und Tod. Alles war schon immer – und alles wird immer sein ... Daher nehmen Sie sich in besonderer Weise solcher Dinge an, die ausgegrenzt wurden aus diesem ewigen Kreislauf, aber unbedingt mit dazugehören. Zum Beispiel ist für Sie der Schatten ein notwendiger Teil des Lichts. Sie fühlen sich deshalb veranlaßt, sich für Schwächere einzusetzen oder aus der Gesellschaft Ausgeschlossene zu unterstützen. Sie wissen instinktiv, daß es dem Leben schadet, wenn nicht alle seine Seiten integriert werden. In Ihnen lodert das heilende Feuer Jupiters besonders stark und leidenschaftlich. Wie Pollux einst seinem toten Bruder Kastor in die Unterwelt folgte, um bei ihm zu sein, sind Sie bereit, die größten Unannehmlichkeiten auf sich zu nehmen, damit das Leben keinen Teil verliert. Sie sind daher der geborene Retter und Heiler, unabhängig davon, ob Sie diese Gaben in einem Beruf ausüben oder sie als selbstverständlichen Beitrag in Ihren Alltag einbringen.

Wovor Sie sich allerdings hüten sollen, ist, sich über das Schicksal zu stellen oder zu versuchen, ein unangenehmes, aber wichtiges Ereignis »ungeschehen« zu machen.

Jupiter-Check

Wie habe ich Erfolg, inneres und äußeres Glück? Durch Hinterfragen, In-die-Tiefe-Gehen, Abwarten und einfach Sein.
Wie kann ich helfen und heilen? Indem Sie sich derer annehmen, die von anderen Menschen ausgegrenzt werden.

Jupiter im Schützen – DAS GLÜCK DER HOFFNUNG

Jupiterstärken Idealismus, Expansion
Jupiterschwächen Schwärmerei, Naivität

Glück ist für Sie, unterwegs zu sein, auf Rädern, im Flugzeug, im Zug, auf dem Schiff. In Ihnen lebt die Geschichte aller fahrenden Völker, der Nomaden und Zigeuner, der Boten, herumziehenden Bader, Gaukler, Barden und Geschichtenerzähler. Letztlich ist es die große Suche, die Sie leitet und führt, die Suche nach dem ewigen Gral, nach Erleuchtung, nach der blauen Blume, nach der Quintessenz der Alchimie. Glaube ist für Sie Sehnsucht, Gott findet sich immer anderswo, auf dem Weg zu sein ist für Sie das Ziel.
So verbreiten Sie die Wahrheit des Vielen und nicht die des Einen. Deswegen sind Sie so tröstlich für diese Welt: Denn Sie kennen immer noch einen Weg, sehen stets eine weitere Möglichkeit. Nichts ist für Sie aussichtslos, viele Wege führen nach Rom, und kein Problem ist so groß, daß es nicht doch eine Lösung dafür gäbe.
Das Feuer, das Ihnen Jupiter in die Hände gibt, heißt »Hoffnung«, und wo immer Sie sind, keimt dieses Gut wie Samen in der Erde. Gegen Hoffnungslosigkeit, Borniertheit und Menschen, die anderen keine Chancen lassen, ziehen Sie regelrecht ins Feld. Auf Ihrem Banner stehen Gerechtigkeit und Menschenwürde, das sind Ihre fundamentalen Anliegen, für die Sie sich vehement einsetzen.
Wovor Sie sich hüten müssen, ist, das Kind mit dem Bade auszuschütten. In Ihrem heilsamen Krieg gegen die Blindheit der Menschen laufen Sie Gefahr, selbst blind und einseitig zu werden.

Jupiter-Check
Wie habe ich Erfolg, inneres und äußeres Glück? Durch die immerwährende Suche nach Sinn und Göttlichkeit.
Wie kann ich helfen und heilen? Durch Ihre hoffnungsvolle Art, Ihren Trost, Ihren Humor, Ihren Witz ...

Jupiter im Steinbock – DAS GLÜCK DES WISSENS

Jupiterstärken Führungsqualität, Ausdauer
Jupiterschwächen Lehrmeisterei

Glück ist für Sie, Ihre Arbeit getan zu haben und Ruhe und Sammlung dankbar zu genießen, ähnlich der Erde, die nach einer Phase der Dürre Regen dankbar aufnimmt. Glück ist für Sie aber auch, sich einer Sache vollständig zu verschreiben, ihr zu gehören, bis sie vollbracht ist. Darin gleichen Sie einem Bergsteiger, der nicht eher ruht, bis er auf dem Gipfel steht – und dort nach dem nächsten Ausschau hält. Sie sind daher ein Mensch, der sich selbst immer wieder antreiben und motivieren kann – nach höheren, größeren Zielen strebt.
Genauso können Sie anderen Vorbild und eine große Hilfe sein, zum Beispiel verzagten und ängstlichen Menschen. Sie sind auch eine Führungspersönlichkeit. Nicht eine, die durch große Reden andere zu beeindrucken sucht. Sie werden auch niemals andere voranschicken und selbst im Hintergrund warten. Sondern Sie gehen ihnen voraus. Um das zu leisten, was Sie sich vornehmen, brauchen Sie Kraft, Ausdauer, Zähigkeit. Daher trainieren Sie diese Eigenschaften, um sie zu verbessern.
Sie sind hart zu sich selbst, weil Sie wissen, daß Sie sich nicht schonen dürfen, wenn Sie Ihre Ziele erreichen wollen. Die gleiche Einstellung erwarten Sie allerdings auch von anderen, was manchmal dazu führt, daß diese Sie fürchten und Ihnen aus dem Weg gehen. Daher ist es für Sie wichtig zu erkennen, daß nicht alle Menschen aus dem gleichen (harten) Holz geschnitzt sind. Entwickeln Sie Geduld, Nachsicht und Toleranz für Ihre Mitmenschen, und Sie werden eines Tages den höchsten Berg bezwingen – den Berg der Weisheit.

Jupiter-Check
Wie habe ich Erfolg, inneres und äußeres Glück? Durch Arbeit und Übernahme von Verpflichtungen. Durch Demut. Durch Anstrengung und Leistung.
Wie kann ich helfen und heilen? Durch vorbildliches Verhalten. Durch richtige Führung.

Jupiterstärken Humanismus, Toleranz
Jupiterschwächen Autoritätskonflikte

Glück ist für Sie das Gefühl, vorwärtszuschreiten, nicht stehenzubleiben, sondern Ihren Idealen von einer besseren, gerechteren, liebevolleren Welt näherzukommen. Sie sind ein Utopist, beseelt von der Vorstellung einer Welt von morgen, in der Armut, Krankheit und anderes Leid überwunden sein werden. Und Sie unterstellen sich selbst dem Fortschritt, arbeiten für ihn, kämpfen für ihn.

Es geht Ihnen jedoch nicht allein um Ihre eigene Zukunft. Sie sind auch ein Menschenfreund, der immer an das Gute glaubt. Sie verfügen über ein großes soziales Verantwortungsbewußtsein. Und Sie suchen immer wieder nach neuen Aufgaben, bei denen Sie Schwächeren und Benachteiligten helfen können. Dabei unterstützen Sie die Eigenverantwortung und Autonomie jedes Menschen. Denn Sie wollen kein Helfer oder Missionar sein, der anderen in ihrer Not zwar hilft, sie aber in ihrer Unmündigkeit beläßt.

Ungleichheit zwischen den Menschen hassen Sie mehr als alles andere. Es fällt Ihnen daher auch schwer, unter einer straffen Hierarchie zu arbeiten und zu leben. Sie dulden keinen über, aber auch niemanden unter sich.

Das Feuer, das Ihnen Jupiter überreicht, ist die Kraft und Ihr Glaube an eine positive Zukunft. Das macht Sie für diese Welt besonders wichtig. Denn Ihrem Willen, Ihren Visionen ist es zu verdanken, daß wir uns immer weiterentwickeln und nicht stehenbleiben.

Von emotional geäußerter Kritik oder Ablehnung lassen Sie sich nicht irritieren, sondern arbeiten beharrlich an der Erreichung eines einmal gesetzten Zieles weiter.

Wovor Sie sich in acht nehmen müssen, ist, daß Sie das Alte nicht völlig verwerfen. Sie berauben sich sonst Ihrer eigenen Wurzeln. Dann ist aber auch der Fortschritt eine Illusion.

Jupiter-Check

Wie habe ich Erfolg, inneres und äußeres Glück? Durch Arbeit an einer besseren Zukunft.

Wie kann ich helfen und heilen? Durch Vermitteln von neuen Perspektiven. Durch solidarische Unterstützung. Durch Veränderung.

Jupiter in den Fischen – DAS GLÜCK DES SEINS

Jupiterstärken Liebe, Mitgefühl, Intuition
Jupiterschwächen »Helfersyndrom«

Glück bedeutet für Sie, eins zu sein mit der Schöpfung, so wie ein Tropfen, der ins Meer fällt, im Meer eins wird mit dem Ganzen. Ihr Leben richtet sich vollkommen nach dem Ideal der Selbstlosigkeit und dem Zurückstellen eigener Bedürfnisse hinter das Wohlergehen des größeren Ganzen.
Ihr Engagement für eine bessere, humanere, liebevollere Welt macht auch vor eigenen Konsequenzen nicht halt, und es kann sein, daß Sie, weil Sie beispielsweise Tiere als beseelt betrachten, kein Fleisch mehr essen. In besonderer Weise gilt Ihr Schutz all jenen, die selbst nicht in der Lage sind, sich zu schützen: Kindern, Kranken oder auch Tieren. Soziales Engagement ist für Sie kein Schlagwort, sondern ein selbstverständlicher Teil des Lebens.
Ihr Jupiter macht Sie sensibel für Ungerechtigkeit und Lieblosigkeit; und er schenkt Ihnen die Kraft und Fähigkeit, entsprechende Mißstände zu mildern. Sei es, daß Sie ein Arzt oder ein Krankenpfleger werden oder einer Umweltorganisation beitreten. Jupiter verleiht Ihnen eine besondere Magie, die Leid und Traurigkeit auflöst. Sie tun aber auch gut daran, diese besondere Fähigkeit weiterzuentwickeln, indem Sie Heilpraktiker werden oder sich mit Dingen beschäftigen, die Ihre Neigungen fördern.
Da Sie Ihre Aufmerksamkeit oft auf ferne Ideale legen, welche für Sie auch mit tiefempfundenen Gefühlen verbunden sind, macht Ihnen die Bewältigung des Naheliegenden und der Umgang mit der unmittelbaren, konkreten Wirklichkeit mitunter etwas Mühe. Des weiteren ist es wichtig, daß Sie sich als Helfer nicht mißbrauchen lassen. Sie sollten daran arbeiten, sich deutlicher abgrenzen zu können.

Jupiter-Check
Wie habe ich Erfolg, inneres und äußeres Glück? Durch Hingabe an das, was ist. Durch Liebe des Ganzen.
Wie kann ich helfen und heilen? Sie besitzen große heilerische Fähigkeiten, die Sie nur zum Fließen bringen müssen.

Das Saturnhoroskop – ZUM LEUCHTENDEN DIAMANTEN WERDEN

In der Astrologie gilt Saturn weithin als Übeltäter, als Verkörperung des Schlechten und Bösen. Er scheint es darauf abgesehen zu haben, uns das Leben so schwer wie irgend möglich zu machen. Wie der Drache im Märchen verkörpert er Gefahr, Schrecken, ja, zuweilen sogar den Tod. Daher finden sich alte Abbildungen, auf denen Saturn als Skelett mit Sense zu sehen ist, das alles erbarmungslos niedermäht. Saturn kennt kein Mitleid, keine Gnade. Er wirft den Menschen ihr Schicksal vor die Füße – und es bleibt nichts anderes, als es zu nehmen und zu tragen.

Aber es existiert doch auch eine andere, eine positive Seite. Wenn Saturn einen plagt, schikaniert, an den Abgrund heranführt, dann hilft er ebenso, sich gegen die Unbilden des Schicksals zu wappnen. Saturn bietet daher die Chance, stark zu werden. Er »schmiedet« den Menschen, macht ihn hart, widerstandsfähig, ausdauernd. Wer immer etwas Großes erreicht in seinem Leben, der schafft es mit Hilfe Saturns und seiner (oft) grausamen Wechselbäder. Dort, wo in unserem Horoskop der Planet Saturn steht, müssen wir also lernen, in die Schule gehen, dort werden wir gestreckt und zusammengeschoben, kritisiert und tyrannisiert, trainiert und behindert – bis wir Perfektion erlangen. Perfektion, Vollkommenheit, Reinheit – vom Rohling zum Diamanten: So läßt sich das Wirken Saturns zusammenfassen.

Und dennoch geht es dabei keineswegs ausschließlich um Härte, Ausdauer, Übung, Verzicht und unermüdliches Arbeiten an sich selbst. Der Weg zur Vollkommenheit führt unmittelbar am Fluß der Gnade entlang. Die Arbeit mit und durch Saturn besteht nicht nur aus Ehrgeiz und läuft auch nicht allein nach dem Motto »Gelobt sei, was hart macht!« Vielmehr schließt der Weg zur Vollendung ebenso Demut mit ein. Saturn ist kein kalter, gemeiner, fordernder Feind, dem gegenüber es sich nur zu wappnen und zu rüsten gilt. Er verlangt – nein, er verdient – auch Ehrfurcht und Liebe.

DIE ERMITTLUNG DES SATURNZEICHENS

Suchen Sie in der folgenden Saturntabelle Ihren Geburtstag, und entnehmen Sie Ihr Saturnzeichen, das Sie auf den entsprechenden Text im Anschluß verweist. (Siehe auch die Vorbemerkung am Beginn von Teil II dieses Buches.)

Die Saturntabelle

1920* Jungfrau, **1921** 1.1.–8.10. Jungfrau, 9.10.–31.12. Waage, **1922** Waage, **1923** 1.1.–20.12. Waage, 21.12.–31.12. Skorpion, **1924** 1.1.–6.4. Skorpion, 7.4.–14.9. Waage, 15.9.–31.12. Skorpion, **1925** Skorpion, **1926** 1.1.–2.12. Skorpion, 3.12.–31.12. Schütze, **1927–1928** Schütze, **1929** 1.1.–15.3. Schütze, 16.3.–5.5. Steinbock, 6.5.–30.11. Schütze, 1.12.–31.12. Steinbock, **1930–1931** Steinbock, **1932** 1.1.–23.2. Steinbock, 24.2.–13.8. Wassermann, 14.8.–19.11. Steinbock, 20.11.–31.12. Wassermann, **1933–1934** Wassermann, **1935** 1.1.–14.2. Wassermann, 15.2.–31.12. Fische, **1936** Fische, **1937** 1.1.–24.4. Fische, 25.4.–18.10. Widder, 19.10.–31.12. Fische, **1938** 1.1.–13.1. Fische, 14.1.–31.12. Widder, **1939** 1.1.–5.7. Widder, 6.7.–23.9. Stier, 24.9.–31.12. Widder, **1940** 1.1.–19.3. Widder, 20.3.–31.12. Stier, **1941** Stier, **1942** 1.1.–9.5. Stier, 10.5.–31.12. Zwillinge, **1943** Zwillinge, **1944** 1.1.–19.6. Zwillinge, 20.6.–31.12. Krebs, **1945** Krebs, **1946** 1.1.–2.8. Krebs, 3.8.–31.12. Löwe, **1947** Löwe, **1948** 1.1.–18.9. Löwe, 19.9.–31.12. Jungfrau, **1949** 1.1.–3.4. Jungfrau, 4.4.–29.5. Löwe, 30.5.–31.12. Jungfrau, **1950** 1.1.–20.11. Jungfrau, 21.11.–31.12. Waage, **1951** 1.1.–7.3. Waage, 8.3.–13.8. Jungfrau, 14.8.–31.12. Waage, **1952** Waage, **1953** 1.1.–22.10. Waage, 23.10.–31.12. Skorpion, **1954–1955** Skorpion, **1956** 1.1.–12.1. Skorpion, 13.1.–14.5. Schütze, 15.5.–9.10. Skorpion, 10.10.–31.12. Schütze, **1957–1958** Schütze, **1959** 1.1.–5.1. Schütze, 6.1.–31.12. Steinbock, **1960–1961** Steinbock, **1962** 1.1.–3.1. Steinbock, 4.1.–31.12. Wassermann, **1963** Wassermann, **1964** 1.1.–23.3. Wassermann, 24.3.–17.9. Fische,

* Siehe auch die Anmerkung zur Mondtabelle.

18.9.–15.12. Wassermann, 16.12.–31.12. Fische, **1965–1966** Fische, **1967** 1.1.–3.3. Fische, 4.3.–31.12. Widder, **1968** Widder, **1969** 1.1.–29.4. Widder, 30.4.–31.12. Stier, **1970** Stier, **1971** 1.1.–18.6. Stier, 19.6.–31.12. Zwillinge, **1972** 1.1.–10.1. Zwillinge, 11.1.–21.2. Stier, 22.2.–31.12. Zwillinge, **1973** 1.1.–1.8. Zwillinge, 2.8.–31.12. Krebs, **1974** 1.1.–7.1. Krebs, 8.1.–18.4. Zwillinge, 19.4.–31.12. Krebs, **1975** 1.1.–16.9. Krebs, 17.9.–31.12. Löwe, **1976** 1.1.–14.1. Löwe , 15.1.–4.6. Krebs, 5.6.–31.12. Löwe, **1977** 1.1.–16.11. Löwe, 17.11.–31.12. Jungfrau, **1978** 1.1.–5.1. Jungfrau, 6.1.–25.7. Löwe, 26.7.–31.12. Jungfrau, **1979** Jungfrau, **1980** 1.1.–20.9. Jungfrau, 21.9.–31.12. Waage, **1981** Waage, **1982** 1.1.–28.11. Waage, 29.11.–31.12. Skorpion, **1983** 1.1.–6.5. Skorpion, 7.5.–24.8. Waage, 25.8.–31.12. Skorpion, **1984** Skorpion, **1985** 1.1.–16.11. Skorpion, 17.11.–31.12. Schütze, **1986–1987** Schütze, **1988** 1.1.–14.2. Schütze, 15.2.–31.12. Steinbock, **1989–1990** Steinbock, **1991** 1.1.–6.2. Steinbock, 7.2.–31.12. Wassermann, **1992–1993** Wassermann, **1994** 1.1.–28.1. Wassermann, 29.1.–31.12. Fische, **1995** Fische, **1996** 1.1.–6.4. Fische, 7.4.–31.12. Widder, **1997** Widder, **1998** 1.1.–8.6. Widder, 9.6.–24.10. Stier, 25.10.–31.12. Widder, **1999** 1.1.–28.2. Widder, 1.3.–31.12. Stier, **2000** 1.1.–9.8. Stier 10.8.–15.10. Zwillinge, 16.10.–31.12. Stier, **2001** 1.1.–20.4. Stier, 21.4.–31.12. Zwillinge, **2002** Zwillinge, **2003** 1.1.–3.6. Zwillinge, 4.6.–31.12. Krebs

Saturn im Widder – ÜBER DIE KRAFT HERRSCHEN

Saturnstärken Ehrgeizig, machtvoll, führungsbegabt, durchsetzungsstark, edel
Saturnschwächen Rechthaberisch, sarkastisch, bösartig, bissig, gemein

In Ihrem Leben geht es darum, Ihre Wildheit zu bändigen, Ihre Emotionen zu zügeln und Ihren persönlichen Willen einem höheren Ziel, einer Idee mit allgemeinem Wert unterzuordnen. Beschreiben ließe sich Saturn als »Pferdeflüsterer« und das Widderzeichen als wildes Pferd, aus dem ein edles Wesen werden soll, das seinem Reiter seine feurige Energie voll und gern zur Verfügung stellt.
Es besteht allerdings auch die Variante, die Wildheit zu brechen und sie zu unterdrücken. Das machen viele Menschen mit Saturn im Widder. Sie verdrängen und vergessen ihre Wildheit und sind schließlich im Besitz eines, um es salopp auszudrücken, alten Kleppers. Die andere Möglichkeit bedarf großer Geduld und harter Arbeit an sich selbst. Man muß die Auseinandersetzung mit dem Leben als Läuterungsprozeß begreifen und Kritik nicht als Verhinderung oder Bösartigkeit des Schicksals, sondern als einen Wink Saturns nehmen. Und es ist notwendig, Emotionen, Wünsche und Sehnsüchte zu hinterfragen und dem Prozeß der Läuterung unterzuordnen.

Saturn-Check
Wo muß ich mich Saturn beugen? Ich muß mein Feuer zähmen und Geduld lernen.
Auf welchen Wegen führt mich Saturn zum Erfolg? Durch Verhinderung, Kritik und Strafe – damit ich vollkommen werde.

Saturn im Stier – ÜBER DIE LUST HERRSCHEN

Saturnstärken Beharrlichkeit, Festigkeit, Standhaftigkeit, Sparsamkeit
Saturnschwächen Geiz, Gefühllosigkeit, Sturheit, Gier, Neid, Existenzangst

Menschen mit Saturn im Stier nehmen sich vom Leben mehr, als ihnen zusteht, und leiden dann unter den Folgen. Man ißt und trinkt mehr, als man verdauen kann – und nimmt zu, setzt Fett an, bekommt Bewegungsprobleme und wird unter Umständen krank. Des Mammons wegen arbeitet man mehr und härter, als einem guttut – und wird nervös, gestreßt und ist zum Schluß arbeitsunfähig. Man legt sein Geld in Geschäften an, die man nicht übersieht – und zu guter Letzt ergeht es einem wie Hans im Glück: Man besitzt gar nichts mehr.
Man lebt also über seine Verhältnisse, und das von Kindesbeinen an. Dramatische Auseinandersetzungen mit Eltern und anderen Erwachsenen sind die Folge, wobei zunächst immer die anderen die »bösen, versagenden und mißgünstigen« Menschen sind. Aber es ist Saturn, der einem das Leben schwermacht. Er verlangt Verzicht, und das gerade dort, wo das Leben am meisten Spaß macht. Das ist ein harter, mühsamer, frustrierender Weg. Auf der anderen Seite entwickelt man auf diese Weise eine besonders feine Sinnlichkeit, wird zum Genießer der kleinen Dinge und der wirklichen Köstlichkeiten des Lebens. Auf dem Weg dorthin hält einem Saturn jedoch jede »Verfehlung« vor: Wer uneingeschränkt seiner Lust folgt, bekommt dafür früher oder später die Rechnung.

Saturn-Check

Wo muß ich mich Saturn beugen? Ich darf meiner Lust und meinen Wünschen nicht nachgeben. Auch gegenüber sämtlichen materiellen Werten – Geld und Reichtum – bedarf es Aufmerksamkeit.
Auf welchen Wegen führt mich Saturn zum Erfolg? Durch Leid, Schmerzen, Versagung und Verhinderung, unter Umständen auch durch Krankheit.

Saturn in den Zwillingen – ÜBER DIE LEICHTFERTIGKEIT HERRSCHEN

Saturnstärken Klarheit, Überblick, das Wesentliche erkennen, literarisches Geschick, geistige Wendigkeit
Saturnschwächen Die Wahrheit verdrehen, Unsicherheit, Besserwisserei, Charakterschwäche

Ihre Aufgabe ist es, sich im Leben nicht zu verzetteln, die Wahrheit zu finden und nicht ihren Schein, Wissen zu erwerben, das wirklich nützlich ist. Sie gehen Ihr Lebtag lang in eine Schule, in der Sie lernen, immer besser zu werden, immer mehr Kenntnisse zu erwerben. Aber dieses »Besser« und dieses »Mehr« sind nicht einfach quantitativ gemeint. Es geht um einen großen Reifungsprozeß.
Was ist der Grund, Sie dermaßen streng zu disziplinieren? – In Ihrer Persönlichkeit findet sich ein unglaublich leichtfertiger Anteil. Aus der Sicht des (Über-)Lebens heraus braucht es daher eine andere, eben die saturnische Kraft, damit Sie sich nicht aus dieser Leichtfertigkeit heraus selbst schaden. In Ihrer Tiefenpsyche herrscht also ein berechtigter Zweifel an Ihren Kontrollfunktionen. Das ist der Grund für die Strenge Saturns. Wenn Sie mit Ihrem Saturn in den Zwillingen behutsam und richtig umgehen, dann »schleifen« Sie sich selbst, werden nicht überheblich, sondern orientieren sich an anderen und suchen sich Lehrer und Meister, die Ihnen helfen, vollkommener zu werden.
Worauf Sie noch achten müssen: Mit dieser Saturnstellung neigt man zu einsamen Entschlüssen. Sozusagen als Gegenreaktion auf die Leichtfertigkeit wird man zum Dogmatiker und Besserwisser, zu einem, der alles mit dem Kopf checkt. Eine solche Haltung entspricht nicht dem Wunsch Saturns.

Saturn-Check

Wo muß ich mich Saturn beugen? Ich muß lernen, Kritik konstruktiv zu nehmen. Ich muß über sämtliche Konsequenzen meines Verhaltens Bescheid wissen.
Auf welchen Wegen führt mich Saturn zum Erfolg? Durch Verhinderung, Mißerfolg und Demütigung.

Saturn im Krebs – ÜBER DIE GEFÜHLE HERRSCHEN

Saturnstärken	Selbstbeherrschung, seine Gefühle im Griff haben, zum Kern vordringen, Distanz, Wahrhaftigkeit, Zuverlässigkeit
Saturnschwächen	Gefühlskälte, Rückzug, Mißtrauen, Pessimismus

Ihr Saturn hat Sie auf eine besondere Lebensreise geschickt: Aus einem Wesen, das seinen Gefühlen und Instinkten folgt, soll ein Mensch werden, der sein Leben nach Einsicht, Wahrheit und höherem Wissen steuert. Der Weg ist überaus schwierig und schmerzlich. Saturn hat Ihnen nämlich Angst vor dem Glück und sogar vor der Liebe eingepflanzt. Als wäre es für Sie verboten, Zufriedenheit zu kosten. Als müßten Sie immer wieder die Erfahrung machen, daß das Leben bitter ist.
Woher kommen diese Ängste? – Ihre Psyche ist geprägt von traumatischen Erfahrungen. Es kann sein, daß diese Erfahrungen aus früheren Leben stammen. Es ist aber genauso möglich, daß Sie mit bestimmten existentiellen Erfahrungen Ihrer Ahnen verbunden sind. Jedenfalls lebt in Ihnen die Angst fort, Ihre Gefühle könnten mißbraucht werden, so wie es schon einmal geschehen ist. Deswegen mißtraut Saturn grundsätzlich allen Gefühlen. Es ist reiner Schutz. Sie sollen über die Gefühle hinauswachsen, unabhängig und frei von ihnen werden. Aber Sie dürfen Saturn auch nicht zum Alleinherrscher über Ihr Leben erheben und grundsätzlich vor Gefühlen davonlaufen. Sie sollen klüger, erfahrener ins Leben treten, damit Ihnen nichts Schlechtes widerfährt. Ziel Ihres Lebens ist, Ihre Vergangenheit zu überwinden, nicht vor ihr zu kapitulieren. Stellen Sie sich Ihren Gefühlen! Sie sind kein Kind mehr, das man verletzen kann. Sie sind eine erwachsene, starke Person!

Saturn-Check

Wo muß ich mich Saturn beugen? Ich muß lernen, über meine Gefühle hinauszuwachsen.
Auf welchen Wegen führt mich Saturn zum Erfolg? Durch Angst, Schmerzen, Versagung und Leid.

Saturn im Löwen – ÜBER DAS EGO HERRSCHEN

Saturnstärken Selbstbeherrscht, erhaben, edel, vollendet sein
Saturnschwächen Arrogant, selbstherrlich sein

Mit Saturn im Löwen ist man dafür bestimmt, das Höchste anzustreben – und muß doch immer wieder die Erfahrung machen, ganz unten zu sein. Diese Saturnposition schmiedet Menschen, die Ruhm und Ehren erwerben, Meister und Führungspersönlichkeiten. Aber der Weg dorthin ist beschwerlich; es muß viel erduldet, durchgemacht und verstanden werden. Das Leben pendelt zwischen Macht und Ohnmacht, zwischen Stolz und Scham hin und her. Allmählich entwickelt man Angst vor Macht, Verantwortung und Erfolg – und wird doch auch regelrecht davon angezogen.
Saturn im Löwen kann mit der Zeit zu Unlust dem Leben gegenüber führen. Dagegen muß man dann selbst »zu Felde ziehen«. Zuvor braucht es die Einsicht, was Saturn eigentlich bezwecken möchte. Diese Saturnposition ist die Folge von Machtmißbrauch. Vielleicht hat man in einem früheren Leben versagt, die Verantwortung nicht übernommen. Vielleicht trägt man aber auch an einer Schuld der eigenen Ahnen.
Saturn im Löwen »erzieht« einen dazu, sein Wirken, sein Verhalten und Sein zu überdenken und hinsichtlich sämtlicher Konsequenzen zu verantworten. Dazu gehört im besonderen das Verhalten als Vater bzw. Mutter den eigenen Kindern gegenüber. Man muß die Verantwortung selbst dann übernehmen, wenn man nach gängiger Meinung davon freigesprochen wird, wie zum Beispiel bei einer Krankheit oder einem Unfall.

Saturn-Check
Wo muß ich mich Saturn beugen? Ich muß lernen, Verantwortung zu übernehmen.
Auf welchen Wegen führt mich Saturn zum Erfolg? Er behindert mich, ich werde gedemütigt, kritisiert.

Saturn in der Jungfrau – ÜBER DEN KÖRPER HERRSCHEN

Saturnstärken Treue, Anhänglichkeit, Arbeitseifer, Selbstkontrolle, Genügsamkeit
Saturnschwächen Ernst, Pedanterie, Kritiksucht

Wenn sich Saturn in der Jungfrau niederläßt, trifft Kontrolle auf Kontrolle. Denn allein das Zeichen Jungfrau bedeutet, daß man seine Gefühle, seine Triebe, seinen Sex, seinen gesamten Körper im Griff hat. Wenn dann Saturn noch hinzukommt, verdoppelt sich die vorsichtige und kritische Einstellung. Bei dermaßen viel Skepsis muß in der Vergangenheit (in einem früheren Leben, in der eigenen Ahnenreihe) etwas geschehen sein, das große Angst hervorgerufen hat: Angst vor Sexualität und dem damit verbundenen Akt der Zeugung, Angst vor Schwangerschaft und Geburt. Saturn in der Jungfrau verweist auf ein »Versagen« in diesem Bereich: Vielleicht mußte eine Schwangerschaft abgebrochen werden, möglicherweise kam ein Kind tot zur Welt, oder beide, Mutter und Kind, kamen zu Tode.
Saturn in der Jungfrau schiebt jetzt einen Riegel vor Sex und Zeugung, blockiert die Gefühle, verringert die Lust, versucht, aus dem »Tiermenschen« mit seiner Abhängigkeit von Lust und Trieben einen Homo sapiens im wahrsten Sinne des Wortes, einen »weisen« Menschen, zu machen. Saturn verhindert also und weckt zugleich die Sehnsucht, das Körperhafte des Lebens zu transformieren, ein Wesen zu sein, dessen Energie nicht den Lenden, sondern dem Geist entspringt. Das heißt beileibe nicht, gleich in ein Kloster zu ziehen. Aber sich mit diesem Thema auseinanderzusetzen, das bleibt niemandem erspart, der Saturn in der Jungfrau hat.

Saturn-Check
Wo muß ich mich Saturn beugen? Ich muß lernen, meine Lust zu kontrollieren.
Auf welchen Wegen führt mich Saturn zum Erfolg? Durch Versagen, Enttäuschung, Krankheit und – last, not least – Einsicht.

Saturnstärken Gerechtigkeitssinn, Ausgewogenheit, wahrhaftig lieben können
Saturnschwächen Disharmonie, Unzufriedenheit, Gefühlskälte, Einsamkeit

Saturn in der Waage bedeutet die lebenslange Aufforderung, nach der »richtigen, wahren« Liebe zu suchen. Ihr gilt das ganze Sehnen und Streben. Um sie zu finden, müssen jede Menge Enttäuschungen verkraftet werden. Denn was man für Liebe hält – den Rausch der Sinne, überwältigende Gefühle, Herz und Schmerz –, hat vor Saturn noch lange keinen Bestand. In seinen Augen heißt Liebe, daß sich Ich und Du, der eine und der andere, gleichwertig gegenübertreten. Niemand ist kleiner oder größer, gescheiter oder dümmer, wichtiger oder unbedeutender, reifer oder naiver. Das klingt einfach und ganz selbstverständlich, ist es aber nicht. Menschen haben von Natur aus das Bestreben, sich selbst zu verwirklichen, andere (und dazu zählen auch Partner) hingegen hintanzustellen. Darüber hinaus besteht Saturn auf Zuverlässigkeit. Vor ihm zählt noch das »eherne Gesetz«: »... bis daß der Tod uns scheidet!«
Es müssen gravierende Dinge geschehen sein (in einem früheren Leben, in der Ahnenreihe), daß jetzt Saturn persönlich über die Liebe wacht. Es kam zu unwürdigem Verhalten. Jemand wurde im Stich gelassen. Die Liebe wurde verraten. Herzen wurden gebrochen ... Jetzt »zahlen« Sie dafür. Aber es ist keine Rache oder Strafe. Saturn macht Sie stark, damit Sie die gleichen Fehler vermeiden. Er bringt Sie auf den Weg, und er läßt Sie leiden, solange Sie nicht angekommen sind.

Saturn-Check

Wo muß ich mich Saturn beugen? Ich muß lernen, verbindlich zu sein.
Auf welchen Wegen führt mich Saturn zum Erfolg? Durch »falsche« Liebe, Liebeskummer und Alleinsein.

Saturn im Skorpion – ÜBER DIE VERGÄNGLICHKEIT HERRSCHEN

Saturnstärken Tiefe, Zugehörigkeit, Willenskraft, Verbundenheit mit den Ahnen
Saturnschwächen Engstirnigkeit, Fanatismus

Saturn im Skorpion verweist auf tragische, leidvolle Erfahrungen. Könnte man sein Leben rückwärts ablaufen lassen, so würden rasch Szenen auftauchen, in denen man auf der Flucht, vertrieben, ohne Heimat, ohne Zugehörigkeit, ohne Familie ist. Auch bei den Ahnen, den Eltern, Großeltern und noch weiter zurück herrschen diese Themen vor. Man hat keine richtigen Wurzeln, kein Erbe, das man übernehmen, keine Fußstapfen, in die man treten kann. Wenn man zurückschaut, finden sich Leben ohne Glanz, ohne Würde, ohne Höhepunkte. Daher drängt einen Saturn mit aller Macht dazu, seinem Leben einen Wert zu verleihen. Denn das Gefühl, daß die eigenen Ahnen ein würdeloses Leben führen mußten, formt sich in den Seelen der Nachkommen zu einem großen, mächtigen Anspruch, es besser zu machen, den Gipfel zu ersteigen.
Saturn im Skorpion veranlaßt einen, die dünnen Fäden aus der Vergangenheit aufzuspüren und im Lauf des Lebens ein Netz daraus zu knüpfen – um so wieder einen Halt zu finden. In der Weise, wie man sich umdreht und vor der Vergangenheit verneigt, bekommt man eine Verbindung zu den Ahnen und der eigenen Vergangenheit und erhält Kraft und Wissen. Das ist der »Dank der Ahnen«. Weil man sich ihrer annimmt, erfährt man ihren Schutz, steht nie allein im Leben. Hinter einem steht die Kraft der Vergangenheit.

Saturn-Check

Wo muß ich mich Saturn beugen? Ich muß mich vor der Vergangenheit verneigen.
Auf welchen Wegen führt mich Saturn zum Erfolg? Durch hohe Ansprüche an mich selbst und mein Leben.

Saturn im Schützen – ÜBER WAHRHEIT UND WISSEN HERRSCHEN

Saturnstärken Pioniergeist, Mut, Weisheit, Stärke, Wahrhaftigkeit
Saturnschwächen Dünkel, Zynismus, Grausamkeit

Saturn im Schützen bedeutet eine Reise zu sich selbst. Es ist, als würde dieser Planet zu einem sagen: »Such deinen eigenen Weg! Laß dich nicht von anderen beeinflussen. Hör nur auf dich ...!« Diese starke Hinwendung zu sich selbst und gleichzeitige Abkehr von anderen beruht auf einer Reihe großer Enttäuschungen in der Vergangenheit (der eigenen bzw. derjenigen der Ahnen), bei denen der Glaube an andere Menschen verlorenging: Vielleicht versagte ein Arzt, es unterlief ihm ein Fehler, oder er gab sich zuwenig Mühe. Vielleicht wurde man auch in seinem Glauben zutiefst erschüttert, weil »Gott« etwas Schreckliches zuließ, einem nicht beistand. Es gehört auch zur Vergangenheit von Menschen mit Saturn im Schützen, daß man – um zu überleben – seinem Glauben abschwören mußte. Jedenfalls bestand am Anfang eine große Hoffnung, die schließlich in eine große Enttäuschung mündete.
Mit Saturn im Schützen hat man einen Vertrauten an seiner Seite, einen, der hilft, derartige Enttäuschungen zu vermeiden. Mit diesem Saturn ist man von vornherein skeptisch. Man kommt bereits mit Mißtrauen auf die Welt, und im Lauf der Jahre gewöhnt man sich immer stärker daran, alles in Frage zu stellen. Man wird ein Mensch, der zwischen Illusion und Wahrheit genau unterscheiden kann. Man wird weise.

Saturn-Check
Wo muß ich mich Saturn beugen? Ich muß lernen, mir selbst immer mehr zu vertrauen.
Auf welchen Wegen führt mich Saturn zum Erfolg? Durch Enttäuschungen, Fehlschläge und Irrwege.

Saturn im Steinbock – ÜBER SICH HERRSCHEN

Saturnstärken Klarheit, Standhaftigkeit, Verantwortlichkeit, Führungskompetenz, Selbstbeherrschung
Saturnschwächen Kälte, Rücksichtslosigkeit, Einsamkeit

Mit dieser Position besitzt man einen besonders mächtigen Saturn. Das beruht darauf, daß er der regierende Planet des Tierkreiszeichens Steinbock ist. Man sagt, er sei dort zu Hause und könne sich gut entfalten, seine Kraft verdoppelt sich im Steinbock. Auf der einen Seite führt das dazu, daß Sie kontinuierlich an einer Lebensaufgabe arbeiten. Sie lautet: etwas Großes im Leben vollbringen! Auf der anderen Seite führt diese doppelte Saturnkontrolle dazu, sich selbst zu mißtrauen: Sie haben Angst vor sich selbst, Ihren Gefühlen, Ihren Absichten, Ihrem Tun.
Diese Angst hat ihre Wurzeln in der Vergangenheit (in einem früheren Leben, im Leben Ihrer Ahnen), in der Sie bzw. Ihre Vorfahren ausgenutzt, manipuliert oder sogar mißbraucht wurden. Zu denken ist auch an Verführung oder gewalttätigen Mißbrauch von Kindern, wohl die verwerflichste Untat. Irgend etwas dieser Art ist geschehen, daß Sie sich heute nicht mehr selbst vertrauen. Für Sie sind Menschen gefährlich, unberechenbar, zu allem fähig.
In der Weise, wie Sie älter werden und sich selbst beweisen, daß das Leben, Sie, die anderen berechenbar sind, werden Sie neues Vertrauen schöpfen. Sie werden neue Gefühle entdecken, Gefühle, die weniger aus dem Bauch, sondern aus dem Herzen kommen. Sie können lieben und mit anderen Menschen zusammensein. Aber Sie können auch allein sein. Sie sind unabhängig, selbständig, und Ihr Leben wird getragen von Stimmigkeit und Zufriedenheit.

Saturn-Check
Wo muß ich mich Saturn beugen? Ich muß lernen, Herr meiner selbst zu sein.
Auf welchen Wegen führt mich Saturn zum Erfolg? Durch Angst, Vorsicht, Enttäuschung.

Saturn im Wassermann – ÜBER DAS CHAOS HERRSCHEN

Saturnstärken Individualität, Erfindertum, Menschlichkeit
Saturnschwächen Chaotisch, verwirrt und verrückt sein, Hochstapelei

Menschen mit Saturn im Wassermann suchen etwas besonders Wertvolles im Leben, nämlich Individualität. Individualität ist kostbar. Zwar sagt man leicht dahin, jeder sei ein Individuum. Aber das ist hier nicht gemeint. Ein Individuum in diesem Sinne besitzt einen ganz eigenen Charakter, etwas völlig Besonderes und Einmaliges. Dadurch unterscheidet sich der einzelne von allen anderen Menschen, vergleichbar einem einzeln stehenden Baum in einer Landschaft.
Dieser Wunsch nach Individualität ist uralt. Sie tragen ihn schon lange (viele Leben, durch Generationen hindurch) mit sich herum. Sie sind aus der Gesellschaft ausgebrochen, haben Ihre Familie verlassen – immer auf der Suche nach Freiheit, nach Individualität. Sie haben Menschen mit anderem Glauben, aus anderen Ländern und aus anderen sozialen Schichten geliebt. Kinder kamen, noch bevor ein längeres Zusammenleben überhaupt zur Diskussion stand. Sie selbst entstammen letztendlich einer derartigen »Augenblicksverbindung«. Sie verdanken Ihr Leben einem »Zufall«, einer Laune des Lebens und der Spontaneität und Freiheit Ihrer Vergangenheit.
Aber Sie waren auch blind und unwissend und erlebten daher grandiose Irrungen und Verwirrungen. Sie erlitten die große Angst vor dem Chaos, vor einem Sein ohne Ordnung und Sicherheit. Sie wurden ausgestoßen und verbannt, verjagt und geächtet. – Jetzt begleitet Sie Saturn. Sie werden Ihr freies Leben fortführen und sich dabei immer sicherer am Chaos vorbeimanövrieren.

Saturn-Check

Wo muß ich mich Saturn beugen? Ich muß lernen, meine Individualität zu leben, ohne im Chaos unterzugehen.
Auf welchen Wegen führt mich Saturn zum Erfolg? Durch Reinfall, Bruchlandung und Fehlentscheidung.

Saturn in den Fischen – SEIN MITGEFÜHL BEHERRSCHEN

Saturnstärken Toleranz, Opferbereitschaft, Weitblick, Visionen
Saturnschwächen Ich-Schwäche, Isolation, Selbstzweifel

Saturn in den Fischen bedeutet ein Geheimnis. Wie im Märchen wird Ihnen aufgetragen, sich auf eine Reise zu begeben. Wohin? Vielleicht zum Ende des goldenen Regenbogens. Oder ans Ende der Welt. Oder nirgendwohin. Mit Saturn in den Fischen ist einem zwar ein Geheimnis in die Wiege gelegt – aber mehr weiß man nicht. Das Geheimnis hat damit zu tun, daß in Ihrer Vergangenheit (in einem früheren Leben, in Ihrer Ahnenreihe) jemand verschwiegen wurde: ein Kind, eine andere Frau, der richtige Vater ... Dieses verleugnete, verschwiegene, verheimlichte Leben fehlt jetzt Ihrer Seele, und sie sucht danach, ohne daß Sie es selbst bewußt wahrnehmen.
In Ihrer Vergangenheit existieren solche Geschehnisse. Von daher haben Sie ein besonderes »Organ« für Unrecht und Lüge. Wo immer in dieser Welt Unrecht geschieht, leiden Sie mit. Jedes Leid zieht Sie regelrecht an. Aber das hat auch fatale Folgen für die Liebe. Sie neigen dazu, sich einen Partner zu suchen, der ganz besonders der Liebe bedarf, weil er unglücklich ist. Dann können Sie ihm – so glauben Sie zumindest – all das angedeihen lassen, was in der Vergangenheit nicht geschehen ist: grenzenlose Liebe. Sie nehmen ihn an. Sie sind für ihn da. Sie verstoßen ihn nicht.
Aber das ist der falsche Weg. Sie müssen mit der Vergangenheit fertig werden und sie nicht ständig vor sich hertragen. So wiederholen Sie Ihr Karma nur. Sie müssen nicht aufhören, andere zu lieben. Aber Sie dürfen das rechte Maß nicht aus dem Auge verlieren.

Saturn-Check
Wo muß ich mich Saturn beugen? Ich muß mich mit meiner Vergangenheit auseinandersetzen.
Auf welchen Wegen führt mich Saturn zum Erfolg? Durch Desillusionierung und Enttäuschung.

Schon immer suchte der Mensch einen Halt bei den Sternen

Info:

IHR PROFESSIONELL ERRECHNETES HOROSKOP

Im Computerzeitalter ist es ein leichtes, die exakte Horoskopzeichnung eines Menschen in Sekundenschnelle anzufertigen, wenn man die dazu erforderlichen Daten (siehe unten) eingegeben hat. Es dauert auch nicht lange, bis der Rechner dann die entsprechenden Deutungen aus Textbausteinen zusammenstellt. Daher gibt es inzwischen zahlreiche Anbieter, bei denen Sie mehr oder weniger preisgünstig Horoskope mit und ohne Interpretation erhalten können.
Beim Verfasser dieses Buches kann man gegen Vorauszahlung von 20,– DM/10,– Euro (in bar oder als Scheck; ab 2002 bitte in Euro) ein Geburtshoroskop (nur Zeichnung) bestellen. Bitte Name, Adresse, Geburtstag, Geburtszeit (gegebenenfalls beim Standesamt des Geburtsortes erfragen) und Geburtsort (bei kleineren Orten auch zusätzlich die nächste größere Stadt) angeben.
Wenn Sie möchten, können Sie hier auch eine vom Computer erstellte Persönlichkeitsanalyse anfordern. Der Preis für die etwa zwanzig Seiten umfassende Interpretation beträgt 60,– DM/30,– Euro inklusive Horoskop.
Sie können ebenso eine vom Computer berechnete Jahresprognose bestellen. Die kleine Vorausschau (zirka 15 Seiten, nur langsam laufende Planeten) kostet 60,– DM/30,– Euro. Die große Vorausschau (etwa 50 Seiten mit Merkur, Venus und Mars) kostet 80,– DM/40,– Euro (bitte Zeitraum angeben).
Sie haben dann eine zuverlässige Vergleichsmöglichkeit und können Ihre ganz individuellen Prognosen mit Büchern wie diesem abstimmen.

Die Adresse:

Erich Bauer
Widenmayerstr. 10
80538 München